改訂新版

図解

3ステップでできる！
小さな会社の人を育てる

人事評価制度のつくり方

日本人事経営研究室株式会社　代表取締役
山元浩二

あさ出版

はじめに

２０１０年８月、『小さな会社は人事評価制度で人を育てなさい！』を出版し、もうすぐ10年の月日が流れようとしています。この書籍は、発行部数５万部を記録し、その後出版したものも合わせシリーズ累計約13万部、トータル50刷を超えるベストセラーとなりました。

これは、私が書籍を通じて**日本で初めて〝3つの新しい考え方〟を世に出した**ことで、中小企業の社長の共感を得たからだと考えています。

その考え方とは、いずれも日本の中小企業が成長、発展していくために、なくてはならないものです。

小さな会社こそ、組織を発展させていくためには「人事評価制度」が必要だということ
「人事評価制度」は人材を育成するための仕組みだということ
「人事評価制度」は「経営計画」を達成するための仕組みの一つだということ

10年を経た今、日本の社会と経済の活性化に、一定の貢献ができたと実感しています。

それは、２つの大きな流れを生み出すことができたことです。

一つ目の流れは、私自身が、中小企業を支援する範囲が広がったことです。

私が出版した7冊の書籍をきっかけに3000人以上の中小企業の社長や幹部、リーダーの方々と出会うことができました。もちろん、全員に「人事評価制度」の必要性を書籍より詳しく、具体的に伝えてきました。その中から、直接400社以上とコンサルティングを通じてお付き合いし、人材と組織の成長を直接支援することができました。

もう一つの流れは、**私以外の方が、中小企業に人事評価制度を広めてくれた**ことです。

私の考え方に、中小企業の社長だけではなく、多くのコンサルタントや士業、システム開発会社なども共感していただけました。本書を手に取っていただいた方の中にも、こうした仕事に携わっている人は多いのではないでしょうか。

さらに、私が打ち出した考え方や手順にそって、中小企業に対して「人事評価制度」のセミナーやコンサルティングを行ったり、クラウドなどのシステムを開発したりしてくれ、私が手の届かない範囲で私自身の考え方を宣伝し、広めてくれています。おかげさまで、**多くの中小企業が「自社にも『人事評価制度』が必要だ」と導入を目標とし、その数は日々増加しているる**と実感しています。

この2つの流れは、いずれも私が書籍を出版した時点で意図したことでした。

ただ、一つ残念なこともあります。

それは、「人事評価制度」の設計、あるいは導入までしか進んでいない中小企業が非常に多いことです。

「人事評価制度」の目的は人材育成を通じた「経営計画」の達成です。そして、最終的なゴールは全社員が豊かになり、幸せを実感できることです。

これは本来、私たち組織のトップに課された使命であるべきです。

私は、冒頭ご紹介した3つの考え方を実践する「ビジョン実現型人事評価制度」という独自の仕組みを生み出し、「成長・進化し続ける組織づくり」という目的に向かってクライアントを支援し続けてきました。

しかし、この仕組みを通じて人材育成につなげること、そして組織を発展させ理念やビジョンまで実現できるということが、まだまだ日本の中小企業に浸透させられていません。よくよく考えてみると、まだ10年しか経っていませんから無理もないのかも知れません。

2030年、「ビジョン実現型人事評価制度」を中小企業のスタンダードにする。

これが、私たちが掲げる次の10年ビジョンです。

念のためお伝えしておきますが、弊社が直接関わらなくても、名称も「ビジョン実現型人事評価制度」でなくてもよいのです。自社、あるいはコンサルタントなどを通じて、「経営計画」と「人事評価制度」でリーダーが成長し、社長が次のステージに向けチャレンジすることで、**日本中で中小企業が成長、進化し続けている状態を創り出したい。**これが、私の目指している状態です。

今、日本の生産性が低い原因が、中小企業の数が多いからだという考え方を唱える専門家が増えています。あなたは、どう考えますか？

私は、大変くやしく、もどかしさすら感じます。

ただ、**日本の中小企業の生産性は大企業に対して、0・41倍**（2019年版　中小企業白書より）しかなく、その差は徐々に拡大しています。実態を見ると、こう言われてもやむをえない状態です。

原因は次の2つだと確信しています。

一**つは、組織マネジメントの仕組みがないこと。もう一つは、人材育成を計画的かつ継続して行っていないことです。**

この2つの課題を解決できる仕組みが、「ビジョン実現型人事評価制度」です。

あなたの一歩が、中小企業とそこで働く約3220万人を豊かにするきっかけになる。そう確信しています。

2020年2月吉日

山元浩二

STEP3

「ビジョン実現型人事評価制度」を運用する

①「5つの運用プロセス」で人材を育成する

評価の実施

育成会議
↓
育成面談
↓
目標設定
↓
チャレンジ面談
↓

②「アクションプラン会議」で戦略を計画的に推進し、目標を達成する

GOAL

ビジョンの実現

みんなの豊かさ

「ビジョン実現型人事評価制度」で理想の組織をつくる3つのSTEP

STEP 1

「ビジョン実現シート」を作成する

①経営理念

②基本方針

③行動理念

④人事理念

⑤ビジョン

⑥事業計画

⑦戦略

⑧現状の人材レベル

⑨10年後の社員人材像

⑩ギャップを埋めるために必要な課題

STEP 2

「評価制度」をつくる

①「経営計画発表会」を行う

②「ジョブ・ヒアリングシート」を作成する

③「グレード」を明確にする

④「評価基準」を構成する

- 「業績項目」を定める
- 「成果項目」を定める
- 「能力項目」を定める
- 「情意項目」を定める

⑤「ウェイト配分表」を作成する

フォーマットのダウンロード方法

本書で解説している「ビジョン実現型人事評価制度」を作成するにあたって必要なフォーマット（Excelで作成された9つのフォーマットと、PDF データ1つ）をダウンロードすることができます。インターネットに接続し、アドレスバーに下記 URL を入力するか、携帯電話でQRコードを読み込んでダウンロード専用ページを開き、必要事項をご入力のうえダウンロードボタンを押してください。ご入力いただいたメールアドレスへダウンロード用URLをお送りします。

シートのダウンロード専用ページ URL
https://jinjiseido.com/fr/dl08
※URL の入力はすべて半角英数で行ってください
※ファイルを受け取るにはメールアドレスが必要です。

ダウンロードできるデータ一覧	参考ページ
1「ビジョン実現シート」	(STEP1-00 P.52-57)
2「10カ年事業計画」	(STEP1-06 P.80-85)
3「ジョブ・ヒアリングシート」	(STEP2-01 P.122-125)
4「グレードレベルイメージ」	(STEP2-02 P.128-133)
5「評価基準シート」(プロセス項目)	(STEP2-02 P.136-137)
6「評価シート」	(STEP3-02 P.183)
7「プロセス評価 A,B,C 判断基準」	(STEP3-02 P.187)
8「育成面談シート」	(STEP3-03 P.194-195)
9「チャレンジシート」	(STEP3-04 P.200-201)
10「ビジョン実現シート」PDF サンプルデータ	

◎URL入力の際は、半角・全角等をご確認いただき、お間違いのないようご注意ください。
◎本ダウンロードに関するお問合せは、日本人事経営研究室株式会社（info@jinjiseido.com）にお願いします。
◎本ダウンロードサービスは予告なく内容を変更する場合がありますので、ご了承ください。
◎ダウンロードファイルを利用されて起きた損失や損害、その他のいかなる事態にも、著作権者・出版社はその一切の責任を負いません。

STEPの前に

「ビジョン実現型人事評価制度」の目的と効果を理解する

STEP 1
「ビジョン実現シート」を作成する

STEP 2
「評価制度」をつくる

STEP 3
「ビジョン実現型人事評価制度」を運用する

事例編
実例で見る「ビジョン実現型人事評価制度」

PROLOGUE

組織成長の原点は、周囲からの支持

「企業が継続的に成長・発展するためには何が必要でしょうか」――。

「強い営業力」「付加価値の高い商品」「効率的な組織運営システム」、きっといろいろな答えがあるでしょう。もちろん、いずれも間違いではありません。

ただ1つだけ確かなことは、会社は周囲と共存することで存続できるということです。

つまり、世の中から「支持されること」で会社は生きているのです。

多くの会社の場合、立ち上げ当初は顧客の数はほんのわずかでしょう。

しかし、その数少ない顧客に繰り返し利用してもらうことで、次第に支持を得ていきます。口コミが広がり、顧客の数も増え、売上はだんだんと大きくなっていきます。

さらに、「顧客のお役立ち」のために工夫、改善しながら、一生懸命に企業活動を続けると、

「あの会社は地道にがんばっているな」

「お隣さんもいつも利用しているみたいよ」

などと、取引先や地域の認知度や評価も高まってくるでしょう。

支持される範囲が広がり、信頼度が高まると、

「当社の在庫を把握しながら商品を供給してくれるから助かるよ。ずっと今の品質を維持してほしいね」

「ウチの子どもがここのケーキじゃないとイヤだって聞かないのよね。なくなったら困るわー」

という声が強くなり、「あの会社が存続していてよかった」という人が多く出てきます。


ここまでくると、「世の中になくてはならない会社、社会から支持される会社」といえるでしょう。

世の中に「存在してほしくない会社」はどうなるか

逆に、周囲からの支持が得られなくなると、どうなるでしょうか。

ここ最近、不祥事で世間を騒がせた大手金融機関や有名企業の事例を考えてみましょう。多くの場合、顧客や社会から信用を失い、大幅な減収、赤字に苦しんでいます。


このように、周囲からの支持が低下すると、顧客が離れていき、売上や利益が減っていきます。

いずれも、トップや幹部自ら「社会への貢献」を掲げている理念より、「ノルマ」や「利益」を優先していたわけですから、当然の結果といえるでしょう。

もし、大企業のような体力がない中小企業で信用を大きく失うような出来事があれば、あっという間に倒産という状態になってしまうかもしれません。

こうした状況に陥らずに、私たち中小企業が支持を広げていくにはどうすればよいか。

すぐに思いつくのは、商品開発や広告宣伝を行い、顧客にアピールしていく方法です。

たしかに資金力のある大企業であれば、設備費や研究開発費に投資ができます。広告宣伝費を使って、テレビＣＭなどで一気に支持層を伸ばすこともできるでしょう。

ところが中小企業では、多額のお金を使って支持を集めることは不可能です。

よく事業を成功させるためには、「ヒト」「モノ」「カネ」が大事といわれていますが、「モノ」と「カネ」では必ず大企業に負けてしまいます。

そこで残る要素が、「ヒト」なのです。

「ヒト」をきっかけにしながら支持は拡大する

「ヒト」にスポットを当てて支持を広げていくには、一体どうすればいいでしょうか。

それは、あなた自身が支持し続け、ファンになっている会社のことを考えてみることで大きなヒントが得られるでしょう。おそらくあなたは、商品やサービスだけを支持しているわけではないはずです。素敵な笑顔に出会うためにお店に通い続け、ファンになっている人もいるでしょう。いつも役に立つ情報を届けてくれる営業担当者に期待している人もいるはずです。社長の考え方やビジョンに共感して付き合いをしている会社もあるかもしれません。

つまり、**顧客や地域から支持されるのは、「ヒト」がきっかけになっている場合が多い**ということです。人と人との関係づくりが大きな信頼となり、顧客はもちろん、地域や社会とのつながりに発展していくのです。もちろん、こうした関係を築いていくのは簡単なことではありません。会社と顧客をつなぐ「社員」の質を高める必要があるからです。

理想は、顧客に感謝され、地域からも、会社からも必要とされる人材です。私はそんな人材づくりを目指して、中小企業と19年間向き合ってきました。

その結果、多くのクライアントを、**社員がイキイキと輝き、誰もが「あの会社が成長しているのはなぜだろう」と知りたくなるような会社**に導いてきたのです。その取り組みをみなさんと共有するのが、本書の目的です。

》》》「人事評価制度」が、顧客や地域から支持される社員を育てていく

この**理想の会社づくりを実現してきたのが、「経営計画」を「人事評価制度」に落とし込んで人材育成に取り組む、「ビジョン実現型人事評価制度」**です。

「経営計画」は会社の理念や指針、目標を示すものですから、これをもとに社員の育成を図っていくことはご理解いただけるでしょう。ですが、「人事評価制度」が人材育成と結びつくといわれても、ピンと来る方は少ないかもしれません。

なぜなら大半の人は、「人事評価制度」と聞くと、

「会社が社員の給与や賞与を決める仕組み」

「社員の仕事ぶりを評価する仕組み」

「信賞必罰を明確にするための仕組み」

というイメージを抱くことが多いからです。

しかし、これらは「人事評価制度」が本来もっている役割とは異なります。

「人事評価制度」本来の役割とは、会社が望む方向に「社員」を成長させ、強い組織づくりを実現することなのです。

人材育成を研修から始めるのは間違い

「そうはいっても、社員を成長させたいのであれば、社員研修を実施したほうが手っ取り早いのではないか」。こう考える社長も少なくないかもしれません。

しかし、ある会社でこんなことがありました。

その会社の社長は、人材育成の重要性をあるセミナーを通じて実感し、3人の経営幹部を研修に参加させました。研修後、彼らのモチベーションは上がり、「幹部社員として頼もしくレベルアップしてくれた」と社長も喜んでいました。

ところが、1カ月後にその3人のうちの2人が会社を辞めさせてくれと言い出したのです。

あわてた社長が理由を聞くと、「自分自身の夢と目標ができたので、会社を辞めてその実現に向けて進みたい」と言います。退職の意志は固く、結局、2人は会社を去っていきました。

その後、半年あまりが経過した頃、社長は予想もしなかった出来事に愕然とします。なんと、辞めた1人が同業種で独立し、自社の顧客をもっていっているというのです。もう1人の消息も追ってみると、こちらも同業種で創業し、競合エリアで活動を始めていました。

自社の成長のために行った研修が、大きなマイナス効果となってしまいました。

「経営計画」と「人事評価制度」で人材を育成する

なぜこのようなことになってしまったのでしょうか。それは、幹部に学ばせた研修が、将来の会社の発展のために社員に求められるものとはまったく違っていたからです。

ここでご紹介したのは、かなり大きな損失につながってしまった極端な事例ですが、「高額な研修をやったのにほとんど効果が出なかった」という話は中小企業の社長からよく聞きます。**本来会社が求めるべきものと研修の内容がマッチしていない**から、マイナス効果になるのです。

人材を成長させるためにまず社長が取り組むべきことは、「経営計画」の作成です。

経営計画で、自社の経営に対する考え方や将来のあるべき姿、そこに到達するための道筋を明確に示し、全社員と共有します。そして、経営計画にそって社員一人ひとりの役割を落とし込んだ「評価基準」で評価を行い、課題を確認しながらＰＤＣＡをまわしていく。こうすることで、会社が望む方向へ全社員を育成しながら導いていくことができます。

一方、経営計画の実現に向けた実行計画、「戦略・アクションプラン」をリーダーが中心となって、関連部署や部下に役割を落とし込みながら推進します。こちらも「アクションプラン会議」という場で進捗状況と課題を確認しながらＰＤＣＡをまわしていく。こうした役割をリーダーが担うことで、会社の目標達成に向けた戦略を主体的に推進していくリーダーを育成することができるのです。

中小企業の人材育成は、「評価基準の運用」と「戦略・アクションプランの推進」、この2つに取り組むだけで十分です。これだけで理想のリーダーが育ち、主体的に部下を教育してくれます。

これらを具現化するのが、本書でご紹介する「ビジョン実現型人事評価制度」という人材育成の仕組みです。

社長が自ら定めた「経営理念」や幹部と一緒に考えた「方針」に基づいて運用しますから、前述の研修の事例のように方向性を間違うこともありません。

また、社長や幹部社員が使う時間コストを除けば、お金もかかりません。

成長を目指す中小企業が、まず取り組むべき仕組みなのです。

「経営計画や人事評価制度が必要なことはわかっているけど、なかなかその時間が取れなくて」

という社長も少なくないでしょう。

それは、あなたの頭の中で、「経営計画」や「人事評価制度」、「人材育成」の重要度が高くても、緊急性が低いためです。確かにこれらの課題に今すぐ対処しなければ売上が下がるということはないかもしれません。

しかし、目の前の業績だけではなく、将来にわたって自社を成長させたいのであれば、ほかのことはさておいても、この仕組みづくりに取り組んでいただきたいのです。重要度が高く、緊急性の低い課題に取り組み、具体的に進めていくのが社長の仕事です。

本書の**3つのSTEPにそった仕組みを確立することで、将来の会社を支える理想のリーダーが育ち、安定成長できる組織が実現できる**ことをお約束します。

私自身が500社を超える中小企業で実践し、改善を重ねて完成させた独自の仕組みなので、必ず成果につながることは実証済みです。

ではまず、制度づくりに取り組む前に、得られる成果とゴールを正しく把握しておきましょう。

STEPの前に

「ビジョン実現型人事評価制度」の目的と効果を理解する

01

最大の目的は組織の生産性を上げ、みんなが豊かになること

成果を出すには正しいゴール設定がポイント

中小企業の成長と発展には、人材育成の仕組みが必要不可欠です。

社員が高い成長意欲をもち、会社の目的、目標にベクトルを合わせて本気で取り組んでいくことが、社員自身のためにも顧客のためにもなり、周囲の支持を集めて会社を成長させていくエネルギーになるのです。

さて、これから3つのＳＴＥＰで「ビジョン実現型人事評価制度」をつくって実践していくことになりますが、その前にあなたと共有しておきたいことがあります。

それは、「ビジョン実現型人事評価制度」で得られる「目的」と「効果」です。これらを把握し、リーダーや社員としっかり共有することで、成果のレベルと到達時間が大きく変わってくるからです。

まず、押さえておきたいのが、「ビジョン実現型人事評価制度」の最大の目的は、

「みんなが豊かになる」

ということです。

私たちが人事評価制度の改革プロジェクトを支援する場合には、必ずここをゴールに設定します。プロジェクト成功のいちばんのカギとなるからです。

人事評価制度の中心は「賃金」ではなく「評価」

そもそも多くの人は人事評価制度のゴールを、「評価結果を昇給、賞与に反映させること」「賃金でがんばった人のモチベーションを上げること」と勘違いしています。もちろん、評価結果を賃金に反映することは当たり前に行われてきましたから、仕方ない部分もあります。ですが、そのままでは人事評価制度の改革プロジェクトが失敗に終わってしまうのです。

なぜなら、**人事評価制度は、人材を会社の資産として活用するための仕組み**だからです。

もし、人事評価制度の目的が「賃金を決めること」であれば、賃金が増えた人は喜び、減った人は不満をもつだけで終わってしまいます。しかも、賃金が増えた人のモチベーションは長く続きません。「お金」だけではつながりも弱いものです。

人事評価制度とは、「評価制度」「賃金制度」「昇進・昇降格制度」の3つの仕組みで構成され、評価制度を通じて行われた評価結果は、賃金制度や昇進・昇降格制度に反映されます。

このなかの主に**「評価制度」を活用して「人材を育成」し、会社の「経営目標の達成」を目指します。**これが「人事評価制度」本来の目的です。「賃金」はあくまでも社員が成長した結果と貢献度を金額に変換したアウトプットの1つです。本書でも「人事評価制度」の要となる「評価制度」を中心に話を進めていきます。

社長と全社員で目的を共有する

また、会社の目標が達成できても、社員に仕事の充実感ややりがいを実感してもらえなければ、成長は維持できません。永続的に成長・発展する強い会社となるように、「目標を達成」した先に、社員全員が『豊か』になるというゴールを掲げるのです。

もちろん「豊かになる」というのは、経済的、人間的両面の豊かさです。

そして、これを全社員に理解、浸透させます。そうすると制度改革に反発したり、異議を唱えたりする人はいなくなります。だって、自分が『豊か』になるためにがんばらない人はいないでしょう?

全社員が一丸となって『豊かさ』というゴールに向かっていく、まさに理想の組織が実現できるのが「ビジョン実現型人事評価制度」なのです。

さらに、「ビジョン実現型人事評価制度」では、ゴールを目指す過程で中小企業の成長に必要な効果が5つ得られます。組織を劇的に変えるこの5つの効果をお伝えしますので、あなたの組織に当てはめて変革後の姿をイメージしてください。

必ず「全社員の豊かさ」をゴールとする

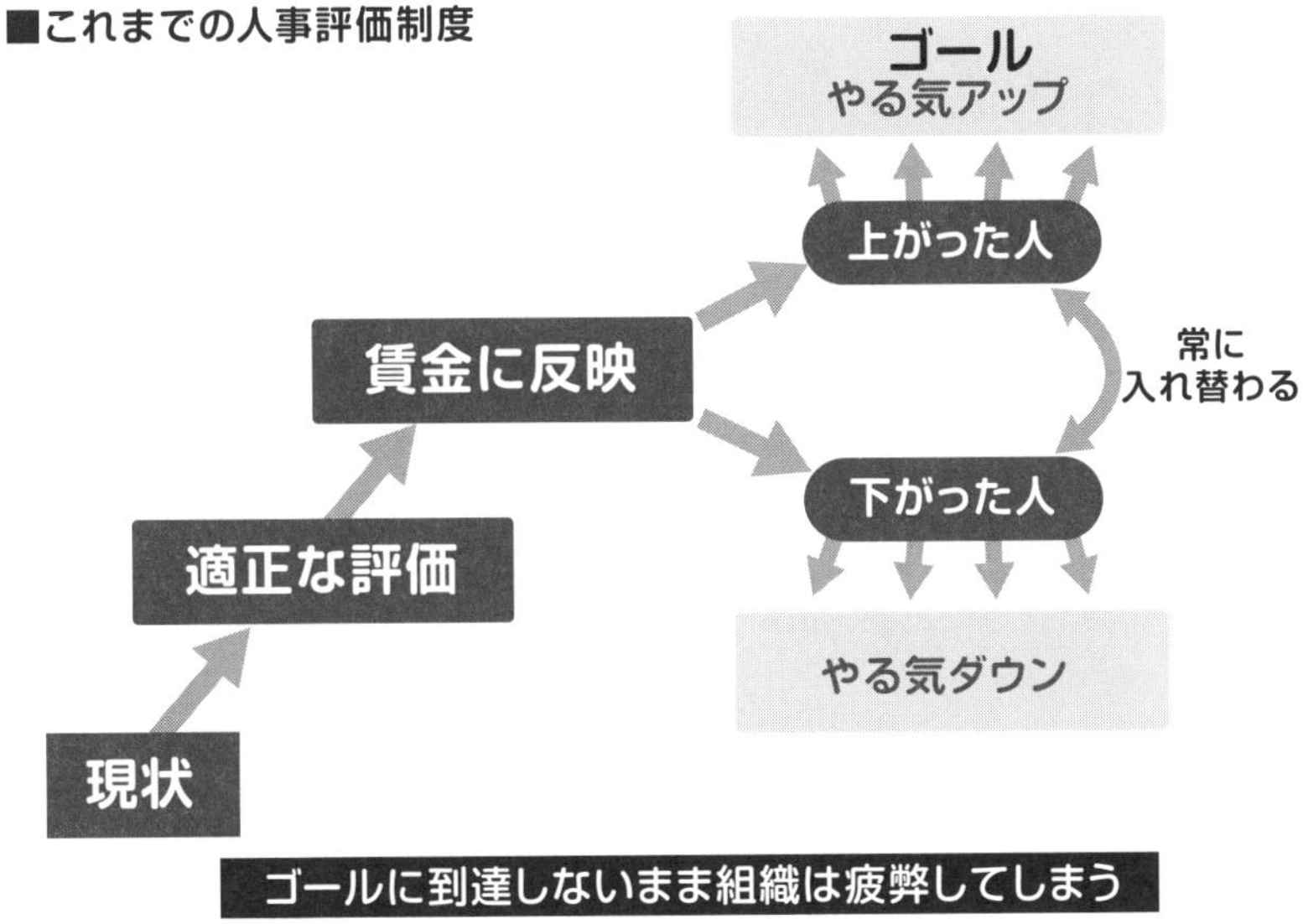

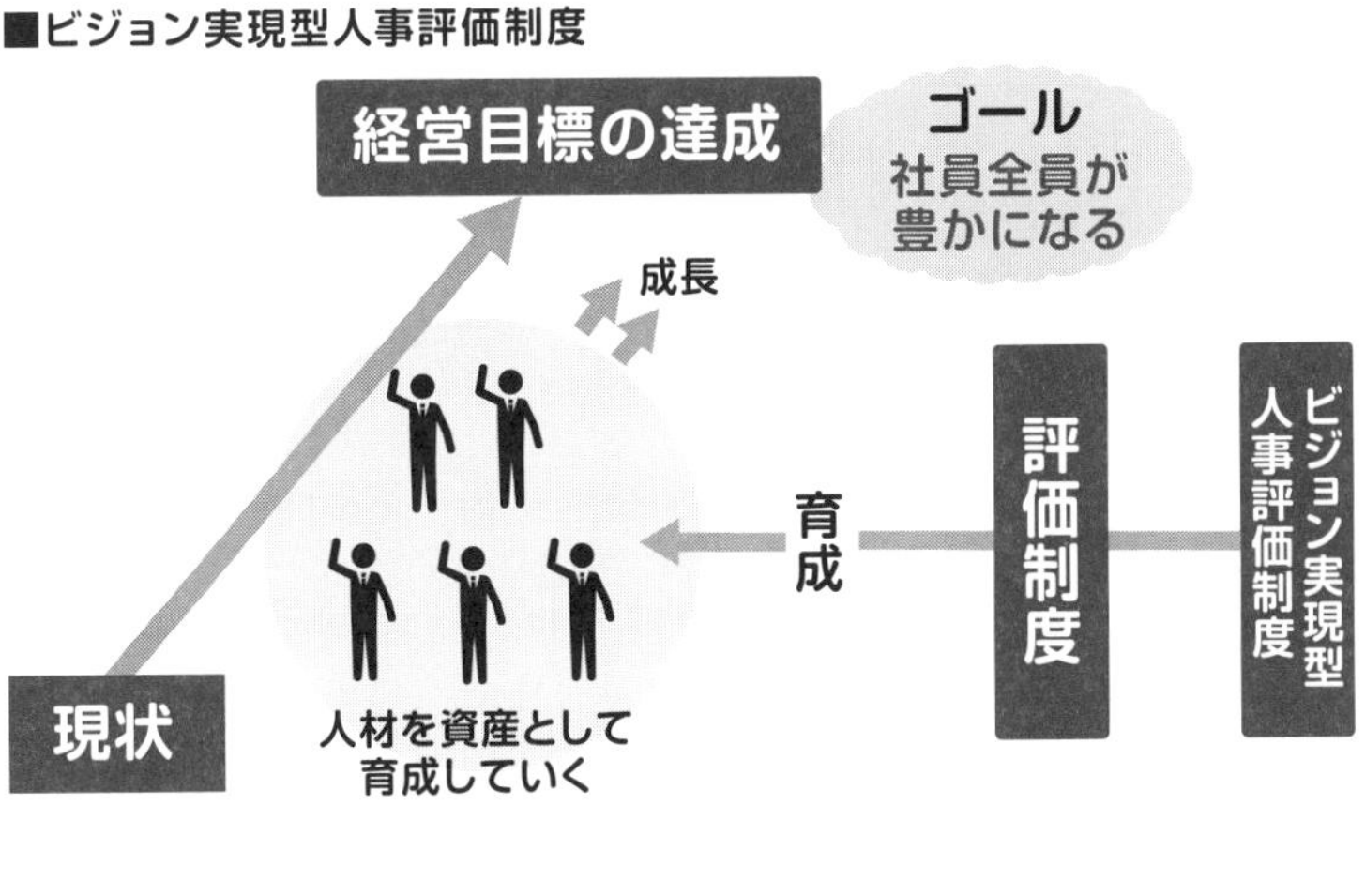

POINT

「社員全員の豊かさ」をゴールとし、人材を資産として育成していくことで成長し続ける組織が実現できる

02

効果その1 全社員が目的を共有した組織になる

理想の組織をつくる

「ビジョン実現型人事評価制度」の1つ目の効果は、**会社を理想の組織に変えられる**ことです。

では、「理想の組織」とは、どんな組織のことでしょうか。

私は、「組織」を「目的・目標を目指す協働体」と定義しています。つまり、組織とは、メンバー全員が会社の目的地である経営理念や、目標として掲げたビジョンに向かって協力しながら仕事をしていく集合体だということです。

この組織のあるべき姿が理想の組織です。

ところが、一般的にこうした状態を常時保つことができている会社はごくわずかです。その原因は、組織のメンバー全員のベクトルを合わせる仕組みがないからです。

31ページの図をご覧ください。左図の『組織のベクトルを合わせる仕組みがない会社』が、その状態を表した図です。組織の各メンバーがそれぞれバラバラの方向を向いて仕事をしています。当然、このままでは、〈矢印a〉のように目的・目標に向かっていく力は弱くなります。

一方、同じく31ページ右図、『「ビジョン実現型人事評価制度」を導入した会社』は、メンバー全員が同じ方向を向いて仕事をしています。全メンバーが目的・目標を共有してやるべきことを理解し、実行できている状態です。こうなると、必然的に組織全体の目的・目標に向かっていく力〈矢印A〉は、大きくなり、業績も上がり組織も成長していきます。

こうした理想の組織づくりに必要なのが、理念や目標を共有するための「経営計画」と、全社員が何に取り組めばよいのか理解して行動できるように導く「人事評価制度」なのです。

「ビジョン実現型人事評価制度」には、この2つを効果的に作成、運用し、業績に結びつけることができる手順と型が組み込まれています。**19年間をかけて中小企業の現場で試行錯誤を繰り返し、成果につながるもののみで構成した仕組み**です。

中小企業の社員はまじめで一生懸命な人ばかりです。31ページ左図の状態にある会社も個々の社員は真剣に仕事に取り組んでいるのです。そのベクトルを修正する仕組みがあれば、あなたの組織も大きく変わります。

これからお伝えする手順どおりに進めていくことで、あなたの会社が「目的・目標を目指す協働体」に向かって理想の組織に近づいていくことをお約束します。

経営計画と人事評価制度を連動させる

なかには、「うちでは経営計画もつくり、人事評価制度も運用しているけれど、理想の組織というにはほど遠い状態だよ」という方がいるかもしれません。

一体なぜでしょうか。

それは、経営計画と人事評価制度が連動していないからです。

これまで多くの会社では、経営計画は会社の目標や数値計画などを達成するためのもの、人事評価制度は賃金を決めるためのものとして、それぞれが関連性をもって運用されることはありませんでした。

しかし私は、**経営計画も人事評価制度も、本来は社員を成長させて会社の目標やビジョンを達成することを目的にすべき**だと考えていました。

そうであれば、この2つの仕組みを連動するように設計、運用し、効果を高め合うことができるのではないか――こう考えたのが、「ビジョン実現型人事評価制度」を生み出すきっかけでした。

こうした考え方に基づいて、クライアントすべてに**「ビジョン実現型人事評価制度」を導入していったところ、どの会社でもみるみるうちに実績が上がっていった**のです。

「ビジョン実現型人事評価制度」を導入することで目的・目標に向かう力が最大になる

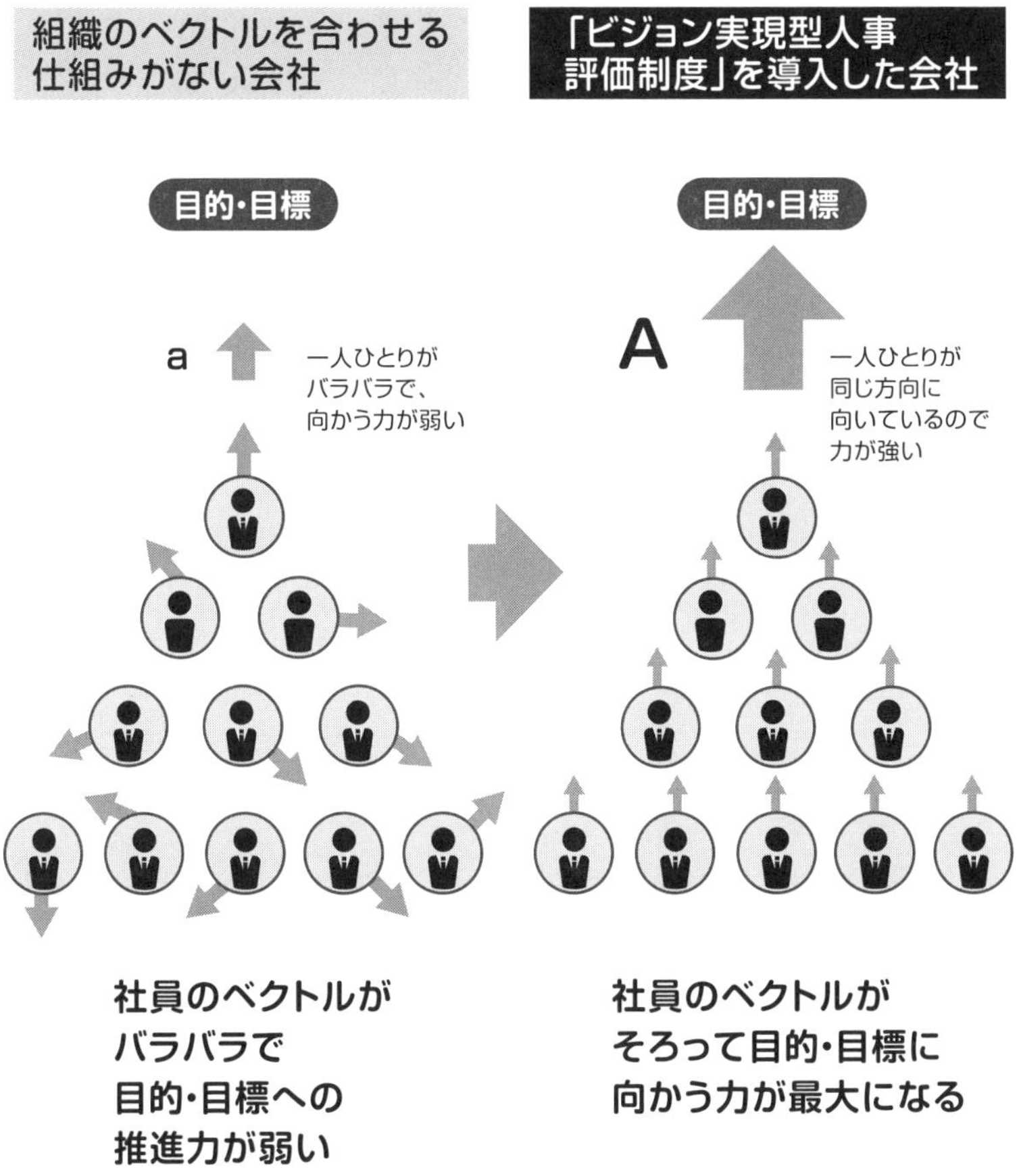
組織のベクトルを合わせる仕組みがない会社
「ビジョン実現型人事評価制度」を導入した会社
目的・目標
目的・目標
a
一人ひとりが
バラバラで、
向かう力が弱い
A
一人ひとりが
同じ方向に
向いているので
力が強い
社員のベクトルが
バラバラで
目的・目標への
推進力が弱い
社員のベクトルが
そろって目的・目標に
向かう力が最大になる

POINT

社員10人以上の場合、仕組みで組織を動かす必要がある

94・3％の納得度で社員が動く仕組み

経営計画と人事評価制度で社員を成長させる場合、重要なのが運用を重視することです。人事評価制度は、評価結果に基づいた課題や目標に取り組むことで各個人が成長します。

しかし、各社員が評価結果に納得できなければ、「前向きに取り組もう」という意識にはなれません。そのため、「ビジョン実現型人事評価制度」では、必ず社員の納得度アンケートを定期的に行います。

当社のクライアントで、「評価結果に納得した」と答えた人は94・3％、「評価結果に不満」と答えた人は4・7％でした（全クライアント平均データ、2019年12月末現在）。一方、メディアなどで公開されているアンケートデータでは、人事評価に対する不満は50％～80％で、一般的には半数を超える社員が評価に不満をもっていることが考えられます。

これでも私は「不満」と答えた人の比率がまだ高すぎると思っていますが、経営計画と人事評価制度を連動させたこの仕組みの効果の高さを実証した数字といえるでしょう。

いくら人材の成長につながる人事評価制度ができたとしても、社員が納得してくれなければ、組織のベクトルをそろえることはできません。そのための工夫や仕組みにも本書では取り組んでいきます。

STEPの前に

03

効果その2

理想のリーダーが自然に育つ環境ができる

リーダーが会社のビジョンを自ら語るようになる

第2の効果は、**リーダーの成長**です。

リーダーの育成に本格的に取り組もうとすると、時間もお金もかかります。しかし大手企業と違い、中小企業は資金力も乏しく、全リーダーに対して継続的に研修を行うというような費用をかけるわけにもいきません。また、プレイングマネージャーとして活躍する中小企業のリーダーは、多くの仕事をかかえているため時間の余裕がなく、売上を上げるのに一生懸命というところがほとんどです。

「ビジョン実現型人事評価制度」は、こんな状況を解決する仕組みでもあります。

この制度を設計するプロセスには、各リーダーが直接関わります。

たとえば経営計画もリーダーと一緒に考えますが、そのなかで各リーダーはおのずと社長の思いや会社のビジョンを何度も何度も繰り返し聞くことになります。こうした過程を踏むことで徐々に社長の考えを理解、共有し、部下の前で語り始めるようになるのです。

また、自分たちの強みや弱み、課題を洗い出し目指すべきリーダー像について、社長と一緒に考え、自分たちが到達すべき人材像を明文化します。自ら定めた将来像ですから、真剣に取り組まないわけにはいかないでしょう。

こうして、**それぞれのリーダーは会社が目指すべきゴールにベクトルを合わせて行動し、社長が望む理想のリーダー像に向かって成長していくようになります。**

≫ リーダー育成のＰＤＣＡサイクルをまわし続けることができる

次ページの図をご覧ください。これが評価制度の５つの運用プロセスです。

①部下の仕事ぶりに基づいて評価をする
②上司同士で、部下が成長するための目標や課題を共有する……Ｃ（評価）
③「育成面談」で部下に評価結果を伝え、次に取り組む目標を明確にする……Ａ（改善）
④「チャレンジシート」を活用して目標の到達レベルや実行プロセスを明確にする……Ｐ（計画）
⑤毎月のチャレンジ面談を通じて目標の進捗を上司と部下とで確認する……Ｄ（実行）

リーダーが評価制度を通じて
部下育成のPDCAをまわす

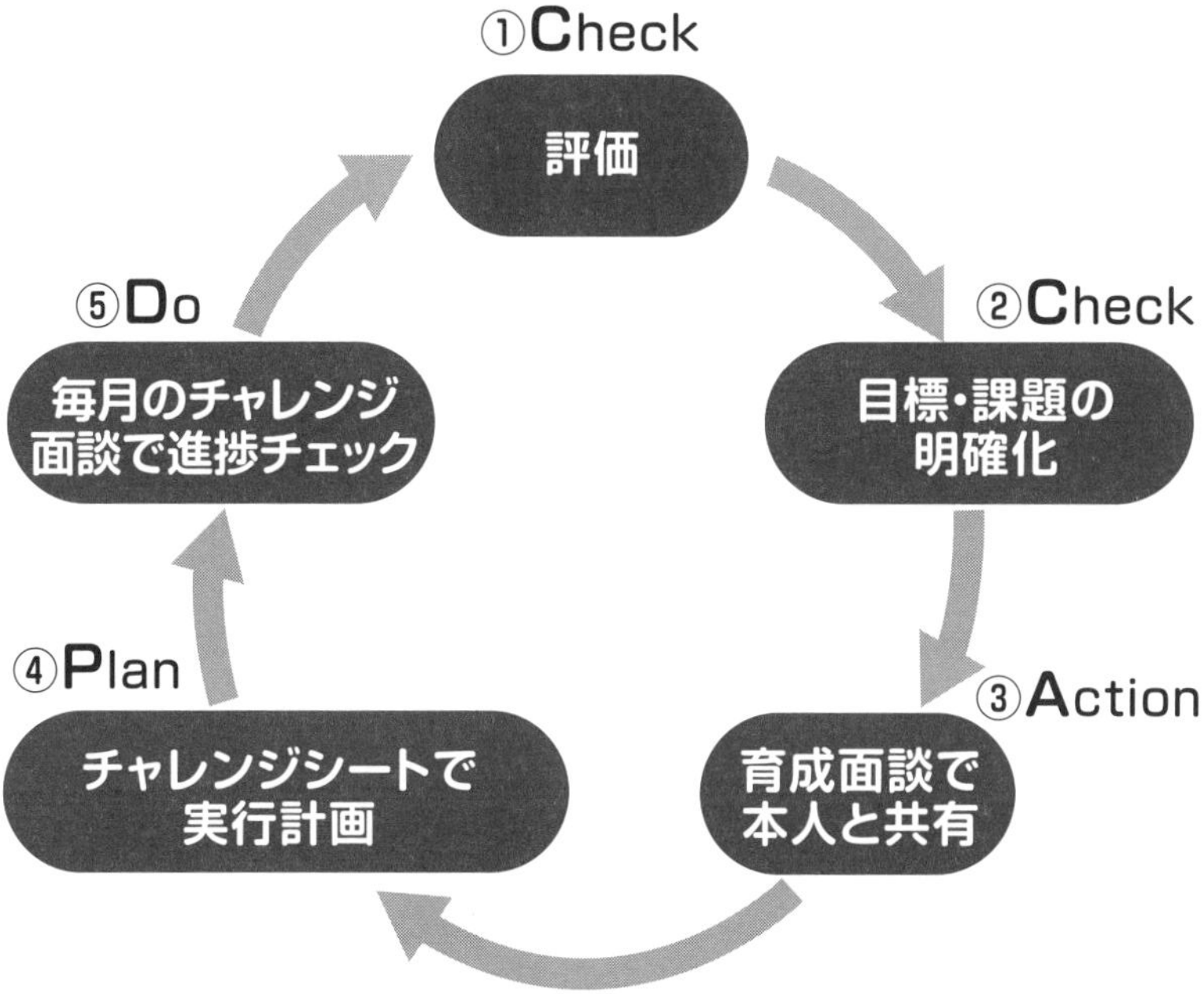

部下を育成できる
リーダーへと成長する

※PDCAサイクル ＝ 事業活動を効率的に回す手法の１つ。Plan（計画）、Do（実行）、Check（評価）、Action（改善）の４段階を繰り返す。

POINT

**①〜⑤のプロセスをリーダーが動かさないと
評価制度はまわらない**

まさに人材育成のＰＤＣＡサイクルですが、これをまわすのがリーダー（＝評価者）の役割です。

多くの中小企業では、社員の育成は現場のリーダーがそれぞれのやり方で、ＯＪＴ（業務上での直接指導）を行ってきました。これでは社員の成長もそれぞれのリーダーの実力次第となってしまい、会社が求めるレベルに計画的に育成するのは難しいでしょう。

しかし、「ビジョン実現型人事評価制度」を設計し、運用した場合、全リーダーが①〜⑤のプロセスを踏んで、**「仕組み」によって部下育成に取り組み、自分自身も成長していくことができる**のです。

なぜなら人事評価制度では、評価に基づいて給料を決めるため、一度スタートすると、リーダーは評価をしないわけにはいきません。リーダー自身の評価も社長や幹部社員が行い、育成に向けた指導を繰り返します。いいかげんに取り組んだりすると、自分自身の評価に影響しますし、何より部下からの信頼が得られません。

こうして評価に主体的に取り組ませるように仕向けることで、必然的にリーダーが成長する環境をつくり出すのです。

なお、それぞれのプロセスについては、ＳＴＥＰ３で「５つの運用プロセス」として、進め方の手順や活用方法、各ツールを詳しく説明します。

STEPの前に

04

効果その3
成長意欲をもった社員だらけの組織をつくる

成長の遺伝子が目覚める

「ビジョン実現型人事評価制度」3つ目の効果は、**全社員が理想の人材像へ向かって成長していく組織ができる**ということです。

人間は本来成長することに喜びを感じる生き物です。

ところが、新しい知識の吸収やチャレンジをやめてしまった人、ただ漫然と目の前の仕事をこなす人など、成長がストップしている人が中小企業ではたくさん存在します。

「本人の自覚と意欲が足りない」という見方もありますが、成長の場と機会を与えてこなかった会社側にも責任があると考えるべきでしょう。

しかし私は、この評価制度の育成サイクルを通じて、リーダーが社員一人ひとりとコミュニケーションを取りながら成長支援を続けていった結果、**成長が止まっていた社員が、みるみるやる気をもってチャレンジするように変化する様を何度も経験**しました。

みなさんの会社にも、ただ与えられた仕事や決められた仕事しか行っていない社員はいませんか？以前はやる気もあって自ら積極的に学びながら成長していた社員が、元気がなくなり、ただ仕事をこなすだけになっている状況はありませんか？

「ビジョン実現型人事評価制度」は、人間が本来もっている成長の遺伝子を呼び起こすことで、イキイキと前向きに取り組む人材をつくることができるのです。

「理想の人材像」を目指す社員だけしか存在しなくなる

「ビジョン実現型人事評価制度」の目的は社員全員が豊かになることだと述べました。

しかし、簡単にみんなが豊かになれるかというと、なかなかそううまくはいきません。

まず、豊かさを実現する絶対条件として、会社の目標達成が大前提です。そのためには、各部門や部署、チームのメンバー全員がリーダーを中心として目標を達成するための役割を実行し、組織の目標を達成する必要があります。

部門やチームが目標を達成するためには、社員が個々の目標を達成することも大事です。目標は成長するためのものですから、必然的にチャレンジングなものとなり、経験のないことに苦労しながら取り組む必要も生じるでしょう。

ところが世の中には、このような苦労やチャレンジに対して、どうしても前向きに取り組めない人がいます。たとえば、「そんなことはやっても無駄だ」「どうせ会社が得するだけだ」という発言をする人たちです。

もちろん、彼らにもチャンスは与えて成長することの必要性や喜びを伝えていきます。しかし、中にはどうしても変われない人もいます。

「ビジョン実現型人事評価制度」を運用すると、こうした**ベクトルがそろわない後ろ向き社員は自ら会社を去っていく**ことになります。

「この会社に自分自身の居場所はなくなる」

そう実感するのでしょう。不思議と、どんな会社でも自分から辞表を提出してきてくれるのです。

社員数が少ない中小企業では、後ろ向きの考え方の社員が一人いるだけでも大きな足かせとなります。こうした人が去った会社は、その人がいたときより格段に生産性がアップします。まさに「効果その1」の31ページの図のように組織が変わったということです。

会社の理念や考え方と合わない人材がいなくなる――これも中小企業が成長・発展するための大きな要因の1つです。

「ビジョン実現型人事評価制度」では、社員のあるべき姿やそこに到達するまでの課題、ギャップを明確にして評価制度に落とし込むことで、全員がステップアップを目指します。

仮に、「成長に向けて新しいことや高いレベルの仕事にチャレンジする人材」という10年後の社員人材像を掲げた会社があるとしましょう。するとその会社では、これに向けて取り組んでいる人だけが評価されることになるわけです。

反対に、成長意欲のない人、後ろ向きの発言をする人はマイナス評価になるということです。評価制度を通じてこれを徹底的に繰り返します。こうすることで後ろ向き社員は、前向き社員になるか、会社を去るかしかなくなります。

結果、**自社の理念とビジョンに共感した、成長意欲のある社員ばかりになる**のです。

「ビジョン実現型人事評価制度」導入で
後ろ向き社員は自ら去っていく

「ビジョン実現型人事評価制度」がない会社

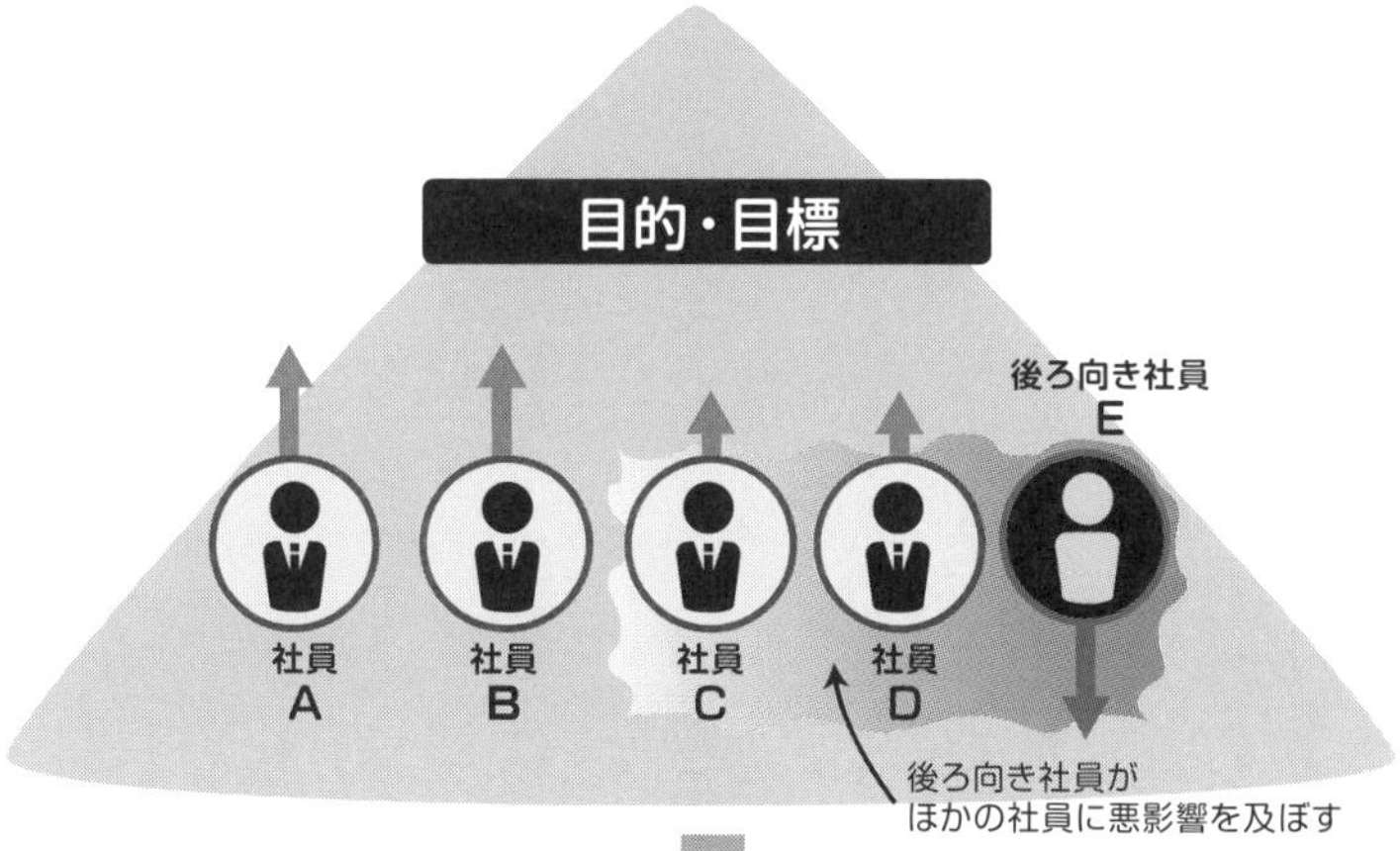

「ビジョン実現型人事評価制度」がある会社

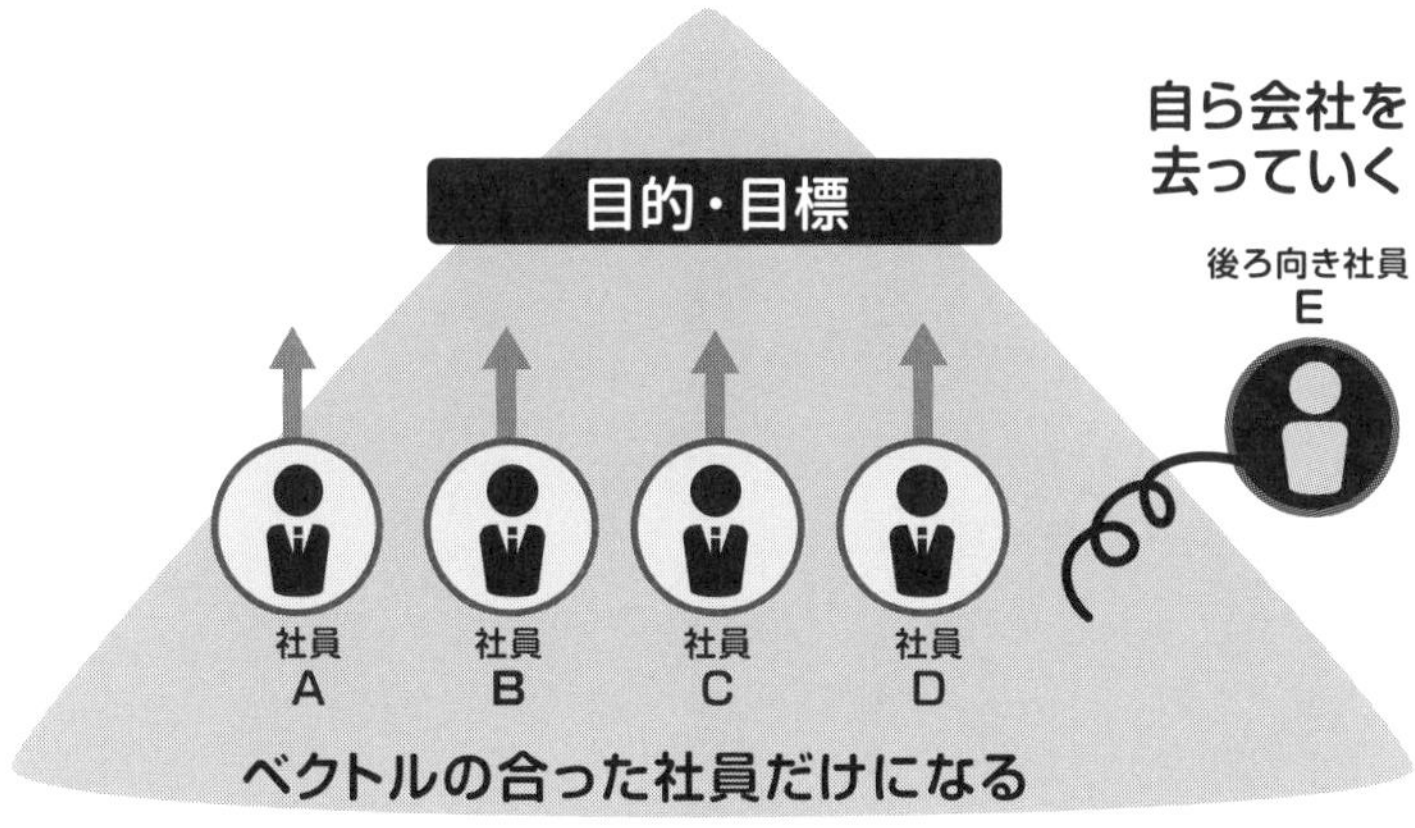

POINT

会社の理念・目標・考え方に合った社員だけが
残るため、成長スピードも速くなる

05

効果その4 求める人材が採用できる組織になる

優秀な人材はビジョンに惹かれる

「ビジョン実現型人事評価制度」を導入する4つ目の効果は、**会社が求める人材を採用できるようになる**ことです。

人材業界で有名なヘッドハンターから聞いた話によると、転職希望者の多くは30歳前後に自分の将来について真剣に考え、転職を決意するといいます。

そのとき、転職者が決まって言うセリフが、「今の会社にいても自分の将来が描けない」というものだそうです。

このセリフは別の見方をすれば、「自分の将来性と会社のビジョンが合う会社で働きたい」と解釈できます。ですから、「ビジョン実現型人事評価制度」を導入し、ビジョンを明確に打ち出せば、優秀な人材がそのビジョンに惹かれて集まってくる可能性が高まるのです。

「ビジョン実現型人事評価制度」で採用の質が上がる

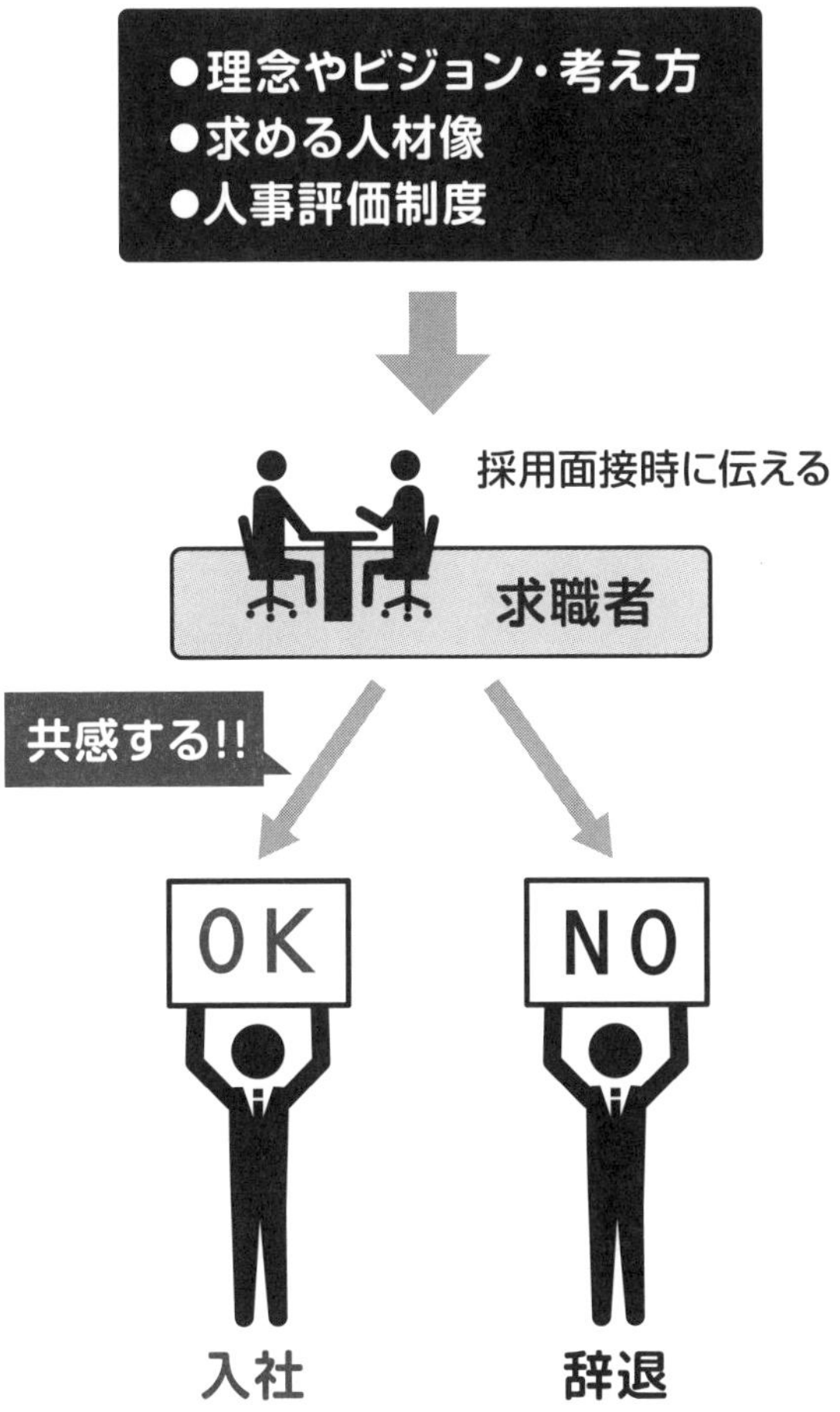

POINT

会社が求める人材、考え方が合う人材だけを
採用できるようになる

自社がほしい人材が獲得できる

「ビジョン実現型人事評価制度」があれば、採用のミスマッチも少なくなります。

採用面接の時点で自社の経営理念や自社が求める人材像、人事評価制度の内容などを説明し、人材育成の基本的な考え方と仕組みを求職者に伝えます。

こうしたステップを踏むことで、会社の理念に共感し、成長意欲をもって求める人材像を目指すことを約束した人だけが入社するようになります。会社の考え方や求める人材像にそって成長しない人は評価されないとわかるからです。

自社の求める人材像にマッチした人材のみが集まり、しかもその人材の質やレベルは上がっていく。

「ビジョン実現型人事評価制度」を導入することで、採用の質も格段に向上するのです。

中小企業が優秀な人材を獲得するのは、とても難しい環境です。必要な人材が採用できないために会社の成長が止まってしまうこともあるでしょう。

だからこそ、「ビジョン実現型人事評価制度」によって優秀な人材を採用できることは、組織力を高め、会社のビジョンを実現するための重要な要素となるのです。

STEPの前に

06

効果その5

女性がイキイキと輝き組織を引っ張っていく

優秀な女性を採用・育成できる3つの理由

「ビジョン実現型人事評価制度」の5つ目の効果は、**女性が輝く組織になる**ことです。

なぜ、女性が活躍できる会社になるのでしょうか。

その理由は主に3つあります。

1つ目の理由は、女性のほうが決められたことをきっちりスピーディーに行うのが得意だからです。

実際に、「ビジョン実現型人事評価制度」の運用では、経営計画の落とし込みや評価制度の運用を手順とフォームにそって実行しますが、これらをきちんと素直に実行してくれるのは圧倒的に女性が多数です。その結果、成果にもつながりやすく、成長も早くなるのです。

2つ目の理由は、自分の将来像や目標が明確な点です。

新卒採用を行う中小企業の社長に聞くと、「女性のほうが将来の目標や夢を明確にもっていてしっかりしている」と口をそろえて言います。女性は男性と比べ、結婚や出産、育児と、ライフステージの選択肢が多くあります。将来のことを見据えて、どのようなスキルアップを果たせるのか、そのときのポジションや給料がどうなっているのか、真剣に考えているのでしょう。

3つ目の理由は、女性のほうがきちんと評価してほしいという欲求が強いことです。

中小企業では、女性が事務処理や総務、経理といった間接部門の仕事に就くことが少なくありません。営業マンが営業成績で賞賛される一方、事務方の部署はミスがなくて当たり前。ちょっとでも間違いや遅れがあると、マイナスの評価を受けるというところもあります。

そこへ「ビジョン実現型人事評価制度」を導入すると、どんな部署でも目標の達成に向けて取り組みます。評価を通じて個人の目標も明確になり、どんなことに取り組めば、自分が評価されるのかがはっきりするのです。「ちゃんと見ていますよ」「きちんと評価していますよ」と伝えるコミュニケーションの仕組みが女性のやる気を大きく引き出すのです。

潜在能力をもった女性が活躍できないままの中小企業は多いはずです。これを引き出し、イキイキと活躍する女性を育てることは、私たち経営者の責務でもあるのです。

また、本来女性がもっている優秀な力を引き出し、活躍を推進する「ビジョン実現型人事評価制度」は、日本が国をあげて推進する生産性向上、労働力の確保にも貢献します。

中小企業の社長のみなさんがこの仕組みに取り組むことが、日本の底力を上げることにもつながるのです。

「ビジョン実現型人事評価制度」で女性の輝く組織になる

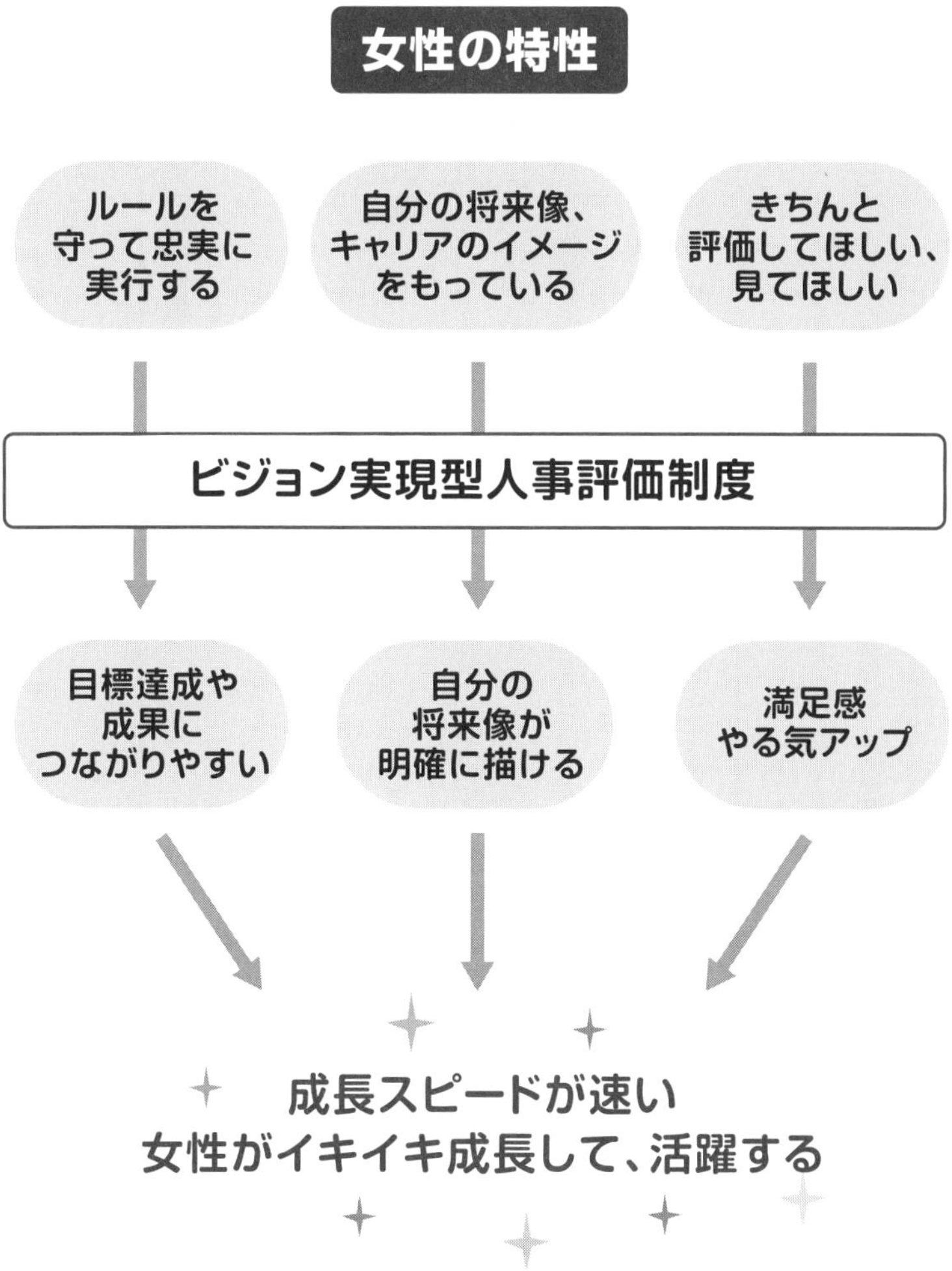
女性の特性
ルールを守って忠実に実行する
自分の将来像、キャリアのイメージをもっている
きちんと評価してほしい、見てほしい
ビジョン実現型人事評価制度
目標達成や成果につながりやすい
自分の将来像が明確に描ける
満足感やる気アップ
成長スピードが速い
女性がイキイキ成長して、活躍する

POINT

女性の活躍が生産性向上のカギ

以上、「STEPの前に」把握しておきたい「ビジョン実現型人事評価制度」の目的と効果をご紹介してきました。もう一度振り返ってみましょう。

「ビジョン実現型人事評価制度」の

【目的】

全社員が豊かになる

【5つの効果】

1. 全社員のベクトルがそろい、同じ目的・目標を目指す組織となる
2. リーダーが成長する
3. 理想の人材像に向かって全社員が成長する
4. 求める人材を採用できる
5. 女性が輝く組織になる

こんな組織が実現できたら、その組織は成長しないはずはないですよね。

これを実現してしまうのが「ビジョン実現型人事評価制度」なのです。ぜひ自分の会社に1～5の効果を当てはめてイメージしてみてください。会社の現状によって、効果の優先順位や期待度も違うこと

でしょう。

しかし、最終的にはこれからお伝えする3つのSTEPにそって「ビジョン実現型人事評価制度」を構築、運用していけばすべての効果が得られるのです。この到達イメージをしっかりもって、制度づくりと運用に取り組んでいただくことで、成果の大きさと、成果までの到達スピードが大きく変わります。

念のため、もう一度確認しますが、本書は、

「人事評価制度を確立、導入したい」

「社員の納得度を高めたい」

「公平な評価と賃金制度をつくりたい」

といったことをゴールに定めて「人事評価制度」を導入しようとする経営者のためではなく、

「生産性を上げ、成長し続ける組織にしたい」

「社員を幸せにしたい」

「社会、世の中に大きく貢献し続ける会社にしたい」

といった高い志をもった社長のビジョンを実現するための書籍です。

それでは、早速「STEP1」の制度づくりに取りかかることにしましょう。

STEP 1
「ビジョン実現シート」を作成する

STEP1

00 「ビジョン実現シート」を作成する

極めて実行性が高いA4一枚の「経営計画」

「ビジョン実現型人事評価制度」を導入するには、まず「ビジョン実現シート」（56・57ページ参照）の作成から取り組みます。これは「経営計画」を一枚のシートにまとめたものです。

人事評価制度の目的は、社員の成長を通じて経営目標を達成することです。そのためには、どういうプロセスでこれを実現し、そのために解決すべき課題が明確にならなければ理想の人材づくりを推進する人事評価制度は作成できません。

「そんな大事な経営計画をたった一枚のシートで作成してしまって大丈夫？」と不安に思う方もいるかもしれません。一般的な経営計画は少なくても30ページ程度あり、なかには50ページ以上にわたって細部まで明記されたものもよく見かけます。

しかし、**一枚のシートにまとめた「ビジョン実現シート」のほうが、多くのページを割いてつくられた経営計画より実効性が圧倒的に高い**のです。これは、私自身が５００社を超える中小企業で実証してきた結果です。

理由が2つあります。

1つは全体像がひと目でわかること、もう1つは浸透させやすいことです。

「ビジョン実現シート」には「経営理念」や「ビジョン」、これを実現するために必要な要素が10項目盛り込まれています。各要素の関係性がわかりやすく一枚の中にレイアウトされているので、会社が「どこへ」「いつ」「どうやって」いくのか、そのために社員はどうなればよいのかがひと目で把握できます。

また、A4～A3サイズのシート一枚にまとめることができるため、社内やデスクの前に掲示したり、持ち歩いたりすることができます。こうして日ごろから社員の目に触れさせるように工夫することで意識してもらいやすいというメリットがあります。

このように、社員に理解、浸透させやすい「ビジョン実現シート」は必然的に実行度が高まり、成果につながるのです。

一方、一般的な分厚い経営計画は、経営計画発表会などの場で全社員に手渡されるのですが、ほとんどの社員は、1年間机の引き出しにしまいっぱなしという実態をよく耳にします。

世の中に存在する**経営計画の多くは、時間と労力とお金をかけて作成されたにもかかわらず、実行されずに会社のお飾りとなってしまっている**というのが私の実感です。

ではさっそく、次ページから実践に向けた「ビジョン実現シート」づくりに取り組んでいきましょう。

「ビジョン実現シート」作成手順

これから作成する「ビジョン実現シート」は500社を超える中小企業の現場で、約19年間にわたって試行錯誤と改善を繰り返し、完成した経営計画です。成果を出すために必要な要素を漏れなく盛り込み、人事評価制度を通じて実践に結びつけやすい構成になっています。

具体的には3つのブロックに分かれていて、10の項目を順番に作成していきます。

次に示した項目一覧と56~57ページにある「ビジョン実現シート」の事例で、全体像とそれぞれの項目の主な内容をつかんでください。

【理念】ブロック

［1］経営理念　「経営理念」を明記する

［2］基本方針　どうやって「経営理念」を実現していくのか、会社の姿勢、考え方を定める

［3］行動理念　「経営方針」を実行しながら「経営理念」を実現するために社員に求める行動とそのよりどころとなる姿勢、考え方を示す

［4］人事理念　人材に対する会社の根本的な考え方を定める

【目標】ブロック
［5］ビジョン　10年後の会社のあるべき姿を明確に示す
［6］10カ年事業計画　10年後のビジョン実現までの数値計画を明確にしたもの
［7］戦略　具体的な目標である事業計画をどうやって達成するかを明確にする
【人材育成目標】ブロック
［8］現状の人材レベル　現状の人材の強みと課題を洗い出す
［9］10年後の社員人材像　10年後のビジョンを実現できる人材の成長目標
［10］ギャップを埋めるために必要な課題　10年後の人材レベルに到達するために必要な課題

これだけ見ると、幅広い分野にわたって知恵を絞りながら考え、作成しなければならず大変だと感じる方もいるかもしれません。

しかし、ご安心ください。これから具体的にわかりやすく一つひとつの項目を実践的な手順にそって解説していきます。日ごろあなたが「会社をこうしていきたい」「リーダーにここまでやってもらいたい」と考えていることを本書のフレームに沿って整理し、言葉にしていく作業だと考えてください。「ビジョン実現型人事評価制度」に取り組むことで**社員の生産性はあがり、業績は向上し、会社が次のステージに向かって確実に動き出します**。

その第1歩が「経営理念」づくりです。

1 経営理念

「経営理念」を明記する
(58～65 ページ参照)

2 基本方針

どうやって「経営理念」を実現していくのか、会社の基本となる姿勢、考え方を定める
(66～69 ページ参照)

3 行動理念

「経営理念」「基本方針」を実現するため社員に求める行動、考え方の指針を決める
(70～73 ページ参照)

4 人事理念

人材に対する根本的な考え方を表現する
(74～75 ページ参照)

5 ビジョン

「10年後の会社の姿」を定める。
「定量ビジョン」と「定性ビジョン」の2つを示す
(76～79 ページ参照)

7 戦略

「事業計画」を達成するために実践する仕組み、仕掛けである戦略を明確に
(86～99 ページ参照)

9 10年後の社員人材像

リーダー

全社員

10年後のビジョン・事業計画を実現するためには、社員がどのようなレベルの人材に育つ必要があるのか、求める人材レベルを明確化
(104～107 ページ参照)

10 ギャップを埋めるために必要な課題

リーダー

全社員

「現状の人材レベル」と「目指すべき人材像」の間にある差(ギャップ)を埋めていくために必要な課題と対策を明確に
(108～111ページ参照)

◉ビジョン実現シート作成手順

ビジョン実現シート

人事評価制度の最大の目的である「人材育成を通じたビジョンの実現」のために、そのゴールとプロセスを一枚のシートに明確化し、全社員で共有する。また、人材育成目標と課題を洗い出し、人事評価制度に落とし込んでいく

6

10カ年事業計画

「事業計画」は別途作成し、グラフを掲載する。
(80〜85 ページ参照)

8

現状の人材レベル

強み

社員の意識面での
優れた点や強みをあげる

社員の実務面で
評価できる技術や
スキル面をあげる

意識面 ← → 実務面

課題

社員の意識面での
問題点や課題、
弱みを明確にする

社員の実務に関する
足りない技術や
スキルを明確にする
(100〜103 ページ参照)

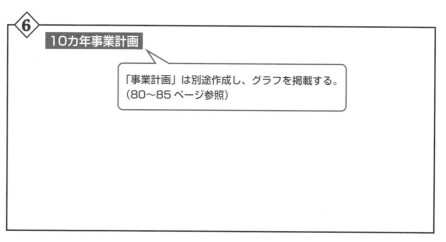

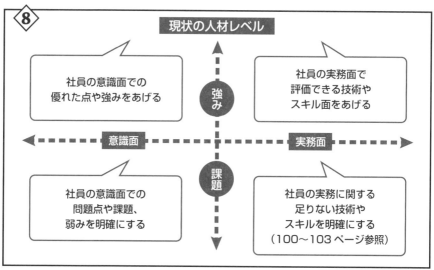

STEP1

01 5つの手順で「経営理念」を作成する

〝超実践的〟経営理念のつくり方

まず、自社は何のために存在するのか、会社が目指す最終目的地、「経営理念」を定めます。

経営理念は、次の5つの手順にそって作成していきます。

手順1 他社の経営理念を数多く見る
手順2 社長の考えを書き出す
手順3 アウトプットした言葉をもとに3つの案を作成する
手順4 時間をおいて熟成・昇華させる
手順5 10年後も使えるかどうかを検証する

経営理念を作成する

経営理念

何のために会社が存在しているかを
明確に示して、社員全員で目指すもの

手順 1
他社の経営理念を数多く見る

手順 2
社長の考えを書き出す

手順 3
アウトプットした言葉をもとに
3つの案を作成する

手順 4
時間をおいて熟成・昇華させる

手順 5
10年後も使えるかどうかを検証する

経営理念の完成

POINT

経営理念は社長自身で考える

手順1　他社の経営理念を数多く見る

まず、世の中にはどんな経営理念があるのか、自分のイメージに合うものを選んで集めてみましょう。最低限、次の3点は押さえておきましょう。

・自分が好きな社長、会社のもの

・同業種で業績が良い会社のもの

・中小企業で、尊敬する先輩経営者のもの

今では、ホームページなどで多くの会社が自社の経営理念を掲げています。

経営理念は、社員全員に実践してもらい、会社の成長と発展につなげていかなければなりません。自分の言葉だけにこだわりすぎて思いが表現できていなかったり、伝わりにくかったりするよりは、実際に成功している企業のものを参考にしましょう。

手順2　社長の考えを書き出す

次に社長自身の考えを盛り込むためのアウトプットをします。

「自社は何のために存在するのか?」「自社はどうやって社会に貢献していくのか?」「世の中に何を広めたいのか?」「10年後、100年後はどうなっていたいのか?」「誰からどんな支持を得たいか?」

この5つの質問に対し、自問自答しながらできるだけたくさんの考えを書き出してください。どれだけ具体的な考えを書き出せるかが、オリジナルの経営理念にできるかのカギを握っています。

手順１・２のポイント

手順1　他社の経営理念を数多く見る

●3つの視点で集める

自分が好きな社長、会社のもの

同業種で業績が良い会社のもの

中小企業で、尊敬する先輩経営者のもの

手順2　社長の考えを書き出す

自社は何のために
存在するのか？
世の中に
何を広めたいのか？
誰からどんな
支持を得たいか？
10年後はどうなっ
ていたいのか
自社はどうやって
社会に貢献するのか？
100年後はどんな
会社になっているか

できるだけ考えを
たくさん書き出してみる

POINT

経営理念のみを考える時間を強制的につくる

手順3　アウトプットした言葉をもとに3つの案を作成する

手順1で選んだ他社の経営理念を参考にしながら手順2で書き出した言葉を使い、自社の経営理念をつくってみましょう。コツはこの段階では細かいところにこだわらないこと。表現を変えたり、組み合わせたり、読み上げたりしながら、3つの案を作成してみましょう。

手順4　時間をおいて熟成・昇華させる

3つの案が出そろったら、それを一枚の紙に書き出し、一週間以上持ち歩きます。そして、事あるごとに経営理念を読み返すのです。会議を行った後、取引先と打ち合わせをした後、顧客からクレームがあったときなど、できるだけ多く見返すように努めてください。経営者仲間に意見をもらうのもいいでしょう。できる限り客観的な視点を意識してください。その過程で、よりよい表現や追加したいキーワードが出てくれば、その都度書き加えておきましょう。

手順5　10年後も使えるかどうかを検証する

最後に、手順4で集めた意見やアドバイスを参考にしながら、3つあった経営理念を一つにまとめてください。そして、必ず10年後でも使えるものかどうかを検証します。10年後の会社をイメージしたとき、その経営理念に向けて全社員が頑張っている姿が頭のなかに描けますか？　また、後継者たちが100年後もそこを目指し続けている姿がイメージできますか？

手順3・4のポイント

手順3 アウトプットした言葉をもとに3つの案を作成する

- 地域の人の暮らしを変えたい
- 業界No.1になりたい
- ××社長から認められたい
- 東京へ進出したい
- 顧客数10万人!
- 新しい価値を生み出したい
- みんなに喜んでもらいたい

→

案1
地域社会を豊かに……

案2
業界のリーダーとして……

案3
新しい価値を世の中に提供し……

手順4 時間をおいて熟成・昇華させる

- ☑ 事あるごとに読み返す
- ☑ 顧客と接点があった後に確認する
- ☑ 経営者仲間から意見をもらう

＝

そうか!　この表現は
こう変えよう。

熟成期間の目安は7〜30日

POINT

いつでも見返すことができる状態で持ち歩く

違和感がなければＯＫです。その経営理念に決定しましょう。描けない場合は、もう一度、手順１、あるいは２に戻ってやり直しましょう。

なかなか定まらなくても焦る必要はありません。**会社の根幹をなす経営理念ですから、社長自身が定め、実現に向けて最後までやり遂げるという決意をもって打ち出さなければなりません。**心から納得し、腑に落ちたものにする必要があります。ずっとかわいがりながら、いとおしく思える経営理念を作成してください。

また、経営理念はできるだけわかりやすいシンプルな言葉で短くまとめることをオススメします。

理由は２つあります。

まず、経営理念は全社員がすぐに理解でき、覚えることができた方が浸透させやすいからです。

もう一つは、理念は経営理念を含め４つの要素を作成していきます。経営理念そのものはできるだけシンプルにしておき、他の３項目にもそれぞれの位置づけに応じた会社の考え方を表現することができるからです。

経営理念ができたら、社員に発信する前にもう一度イメージしてみてください。経営理念の実現に向けて社員が行動することで、あなたの会社の支持が広がり、発展する姿を。

わくわくしてきませんか？

手順5のポイント

手順 5 10年後も使えるかどうかを検証する

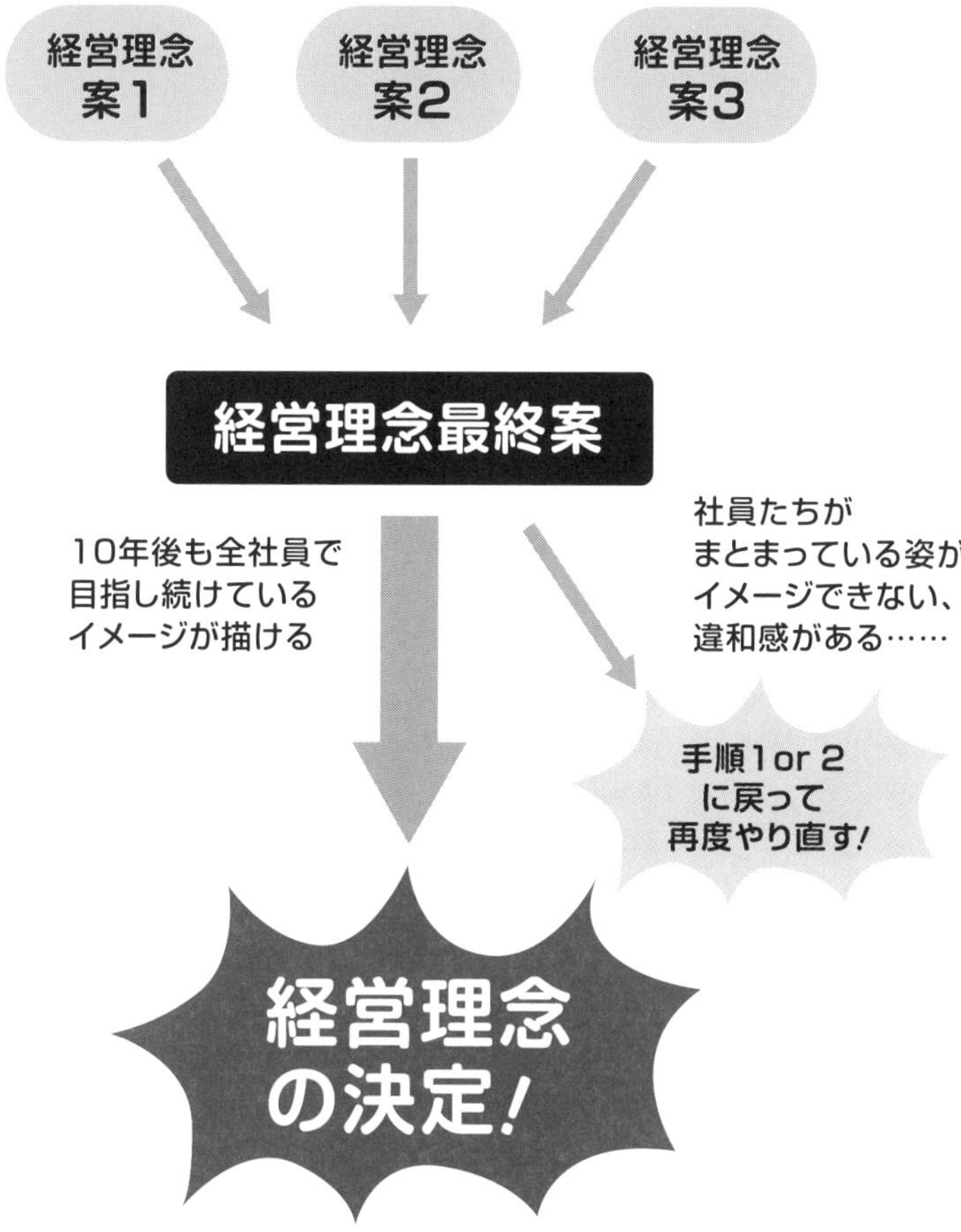
経営理念
案1
経営理念
案2
経営理念
案3
経営理念最終案
10年後も全社員で
目指し続けている
イメージが描ける
社員たちが
まとまっている姿が
イメージできない、
違和感がある……
手順1or 2
に戻って
再度やり直す!
経営理念
の決定!

POINT

納得いくまで焦らず考え、ブラッシュアップすること

STEP1

02

「基本方針」を定める

》「基本方針」はストーリー仕立てで考える!

次に「基本方針」を定めます。

経営理念が会社の目指す最終的なゴールだとすると、基本方針は、それを実現するための会社の基本的な姿勢・考え方で、次の5つの視点について明確にします。

【顧客】 経営理念を実現するための顧客に対する会社の姿勢・考え方

【商品】 経営理念を実現するための商品に対する会社の姿勢・考え方

【社員】 経営理念を実現するための社員に対する会社の姿勢・考え方

【会社】 経営理念を実現するための会社・組織に対する姿勢・考え方

【地域・社会】 経営理念を実現するための社会や地域に対する姿勢・考え方

そのほかに【業界】や【取引先】に対する姿勢・考え方を定めてもよいでしょう。

基本方針を定める

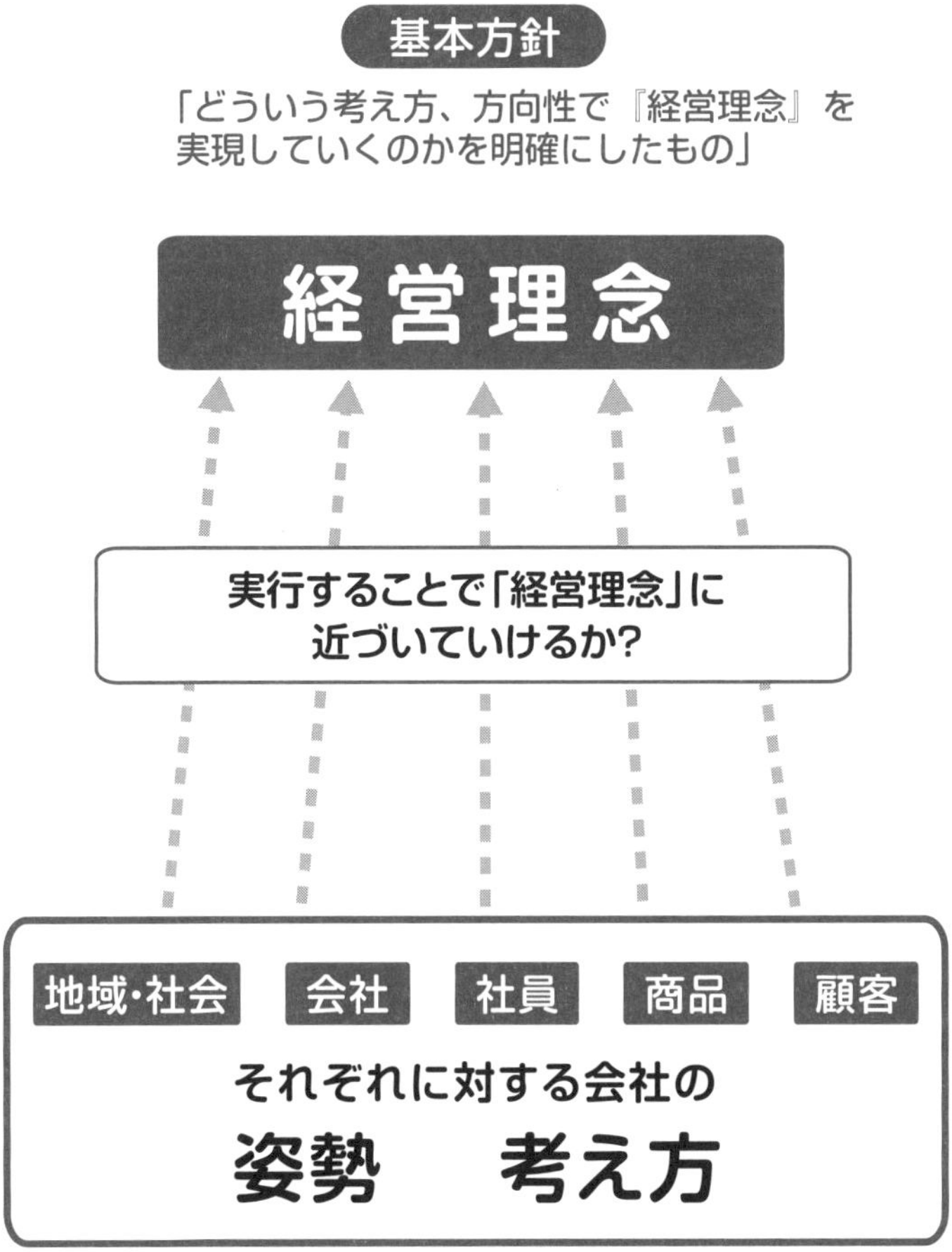
基本方針
「どういう考え方、方向性で『経営理念』を
実現していくのかを明確にしたもの」
経営理念
実行することで「経営理念」に
近づいていけるか?
地域・社会
会社
社員
商品
顧客
それぞれに対する会社の
姿勢　考え方

POINT

5つの視点で考えるとわかりやすい

基本方針がすべて実行できていれば、会社が経営理念に向かって成長できている状態でなければなりません。

たとえば、経営理念が「お客様と地域に愛され続けることで社員と社会を豊かにします！」というものだとしたら、事業活動を通じて、どのように実現していくのかを明確にします。この実現のプロセスが基本方針なわけですが、次のようにストーリー仕立てにして表現してみるとよいでしょう。

小売業の場合で考えてみましょう。

「顧客のライフスタイルを豊かにするために【顧客】」、「シンプルで愛着のもてる商品を提案し続け【商品】」、「全社員の成長と、夢の実現を支援し【社員】」、「地域で必要とされ、なくてはならない会社【社会・地域】」を目指しながら、「顧客と地域に愛され、全社員の豊かさを実現【経営理念】」できる会社に近づいていく。

法人向けのビジネスも同じです。

「顧客と一生おつき合いできる関係を築くために【顧客】」、「期待を超える提案で、顧客の悩みを解決し続け【商品・サービス】」、「夢とビジョンを共有し、希望と未来が描ける会社を実現し【社員・会社】」、「地域の中小企業発展に貢献する【地域】」ことで、「地域で輝く人材づくり企業【経営理念】」を目指します。

このように、「基本方針」をつなげて文章にしたときに「経営理念」が見えてくるか、ということを確認しましょう。

基本方針の考え方

経営理念

**お客様と地域に支持され続けることで
社員と社会を豊かにします!**

↑

徹底することで経営理念を実現できるか?!

顧客に対する会社の姿勢と考え方		必須項目
商品に対する会社の姿勢と考え方		必須項目
社員に対する会社の姿勢と考え方		必須項目
会社・組織に対する会社の姿勢と考え方		必須項目
社会や地域に対する会社の姿勢と考え方		必須項目
取引先に対する会社の姿勢と考え方		必要に応じて定める
業界に対する会社の姿勢と考え方		必要に応じて定める

POINT

**それぞれの基本方針をつなげて
ストーリーとして表現する**

STEP1

03

「行動理念」を明確にする

》「行動理念」で社員のベクトルを合わせる

「行動理念」とは、経営理念の実現に向けて基本方針を実践するためには、社員たちにどのような考え方、行動を求めて行くのかを明確にしたものです。

経営理念と基本方針は、〝会社〟が主語ですが、「行動理念」は〝社員〟が主語になります。**社員たちのバラバラな仕事に対する考え方、関わり方を、「行動理念」によってそろえ、ベクトルを一つにしていく**のです。

68ページの法人相手の企業の基本方針は「夢とビジョンを共有し、希望と未来が描ける会社を実現する」とあります。しかし、どんな社員でも希望と未来が描けるかというと、そう簡単にはいかないでしょう。会社は、「成長意欲をもって新しいことにも積極的にチャレンジする」社員に対して希望を描けるよう支援していくのです。このように会社が社員に求める姿勢をここで明確にしておくのです。

社員にどんな考え方・行動を求めるのか

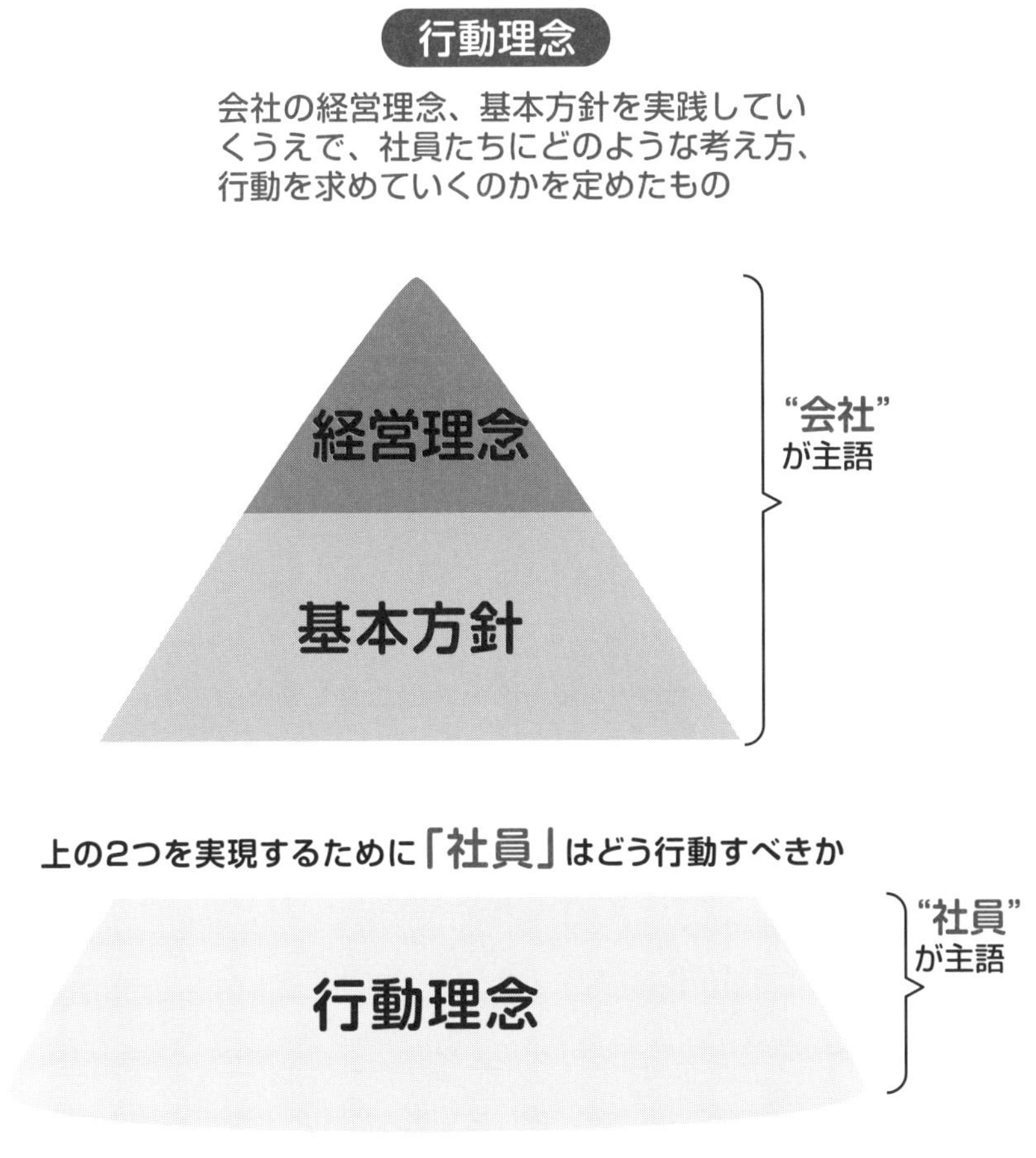
行動理念
会社の経営理念、基本方針を実践していくうえで、社員たちにどのような考え方、行動を求めていくのかを定めたもの
経営理念
基本方針
“会社”が主語
上の2つを実現するために「社員」はどう行動すべきか
行動理念
“社員”が主語

POINT

**「行動理念」は社員たちに
具体的な行動や考え方を示す指針である**

7つの視点で社員に求める行動を明確にする

行動理念は、7つの視点で考えてみましょう。たくさんあっても覚えきれませんし、少なすぎると行動するときに迷ってしまいます。**仕事上のあらゆる場面で判断のよりどころとなるもの**にしなければなりません。

そのためのポイントは、基本方針を達成するために「~するにはどう行動すべきか」という視点で考えること。社員に実践してもらうためにもわかりやすい表現、言葉選びを意識しましょう。

1【顧客】に対する方針を実行、実現するために社員はどう行動すべきか
2【商品】に対する方針を実行、実現するために社員はどう行動すべきか
3【社員】に対する方針を実行、実現するために社員はどう行動すべきか
4【会社】に対する方針を実行、実現するために社員はどう行動すべきか
5【地域・社会】に対する方針を実行、実現するために社員はどう行動すべきか
6そのほか、「基本方針」を実現するために実践、改善する必要がある行動は何か
7現在違う方向を向いて仕事をしている社員を正しい方向に向けるにはどういう指針が必要か

1~7に関する項目を1~2つ考え、書き出してみます。次に、内容が似通ったものがある場合は整理していきながら7~10項目程度にまとめるという手順で作成してみましょう。

行動理念は7つの視点で考える

基本方針

顧客　商品　社員　会社　地域・社会

実現するにはどう行動すべきか？

基本方針一つひとつに対して「実行、実現するために社員はどう行動すべきか」1〜2項目ずつ書き出す。

- 顧客 → お客様の立場に立って行動／誠実で思いやりのある対応
- 商品 → お客様の期待を超える提案サービス
- 社員 → 目標へ執着
- 会社 → 改善の取り組み生産性アップ
- 地域・社会 → 社外での積極的なコミュニケーション

さらに、2つの視点で
社員に求めるべき行動は何かを
書き出す。

- 実践、改善が必要な行動 → 困っている仲間のサポート
- ベクトルを合わせるために → 自ら学ぶ姿勢

↓

7〜10項目で「行動理念」としてまとめる

POINT

**「〜します」という表現でまとめると唱和するとき、
社員自らの行動理念となる**

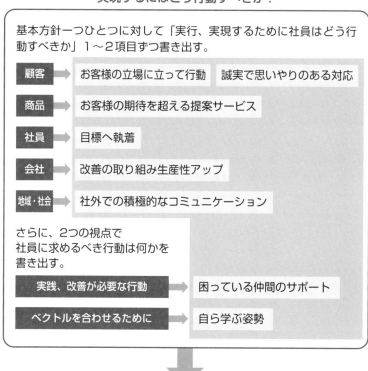

STEP1

04 「人事理念」で人材に対する考え方を明確にする

人事理念で社員に対する思いを発信する

「人事理念」も経営計画に盛り込まれていない会社が非常に多いです。

「経営理念」が経営についての考え方を示したものに対し、「人事理念」は人材について、会社の考え方を示したものです。

「人事理念」が人材を育成していくときの指針となるわけです。これまで作成した「行動理念」にそって行動しながら「経営理念」に貢献するためには、最終的にどんな人材に成長してほしいのか、あなたが人材育成においてこだわりたい要素は何なのか、という視点で考えるとよいでしょう。

「人事理念」は「人材」を重視した経営を目指すためには必要なものですから、必ず明確にしてください。

人材に対する会社の考え方を決める

人事理念

人材に対する
- 考え方
- あるべき姿
- 最終ゴール

⇔ 2つの理念は対になる

経営理念

会社に対する
- 考え方
- 何のために存在するか
- 最終ゴール

●人事理念作成のフロー

手順 1 会社が求める"人間力"のキーワードを書き出す

↓

手順 2 どのキーワードが自社にぴったりとくるかを絞り込む

↓

手順 3 「行動理念」を実践し、「経営理念」に貢献するために必要な視点は？

↓

完 成 人事理念の完成

POINT

人材を重視した経営を目指すために必要なもので、わかりやすく、シンプルにまとめる

STEP1

05

「ビジョン」で10年後の“あるべき姿”を打ち出す

理想はひと目見てワクワクするようなもの

次に「ビジョン」を作成します。ビジョンとは、「会社の将来像」「数年後の会社の姿」です。一般的には5～10年後の会社の姿を明確にします（年数は06の「事業計画」に合わせます）。

たとえば、「○○エリアで就職人気企業ランキングNo.1」「圧倒的業界No.1　給料2割、3割、5割増し！」「中小企業のプラットホーム」というビジョンを掲げている会社が実際にあります。

いかがでしょうか。こうしたビジョンを見ただけで、どんなことをやっているのか、社長はどんな人なのか、社員のモチベーションはどうなのか、興味が出てきませんか？

同じようにあなたの会社でも、**社員がビジョンを見たときに関心をもちワクワクして実現したくなる、心に響くもの**にしましょう。

ビジョンは2つの視点でイメージしやすいものにする

ビジョン

会社の将来像、10年後の会社の姿をイメージさせるもの

●ビジョンは2種類ある

1 定量ビジョン

10年後の業績数値

2 定性ビジョン

10年後の自社のあるべき姿

→ 2つで明確かつワクワクするビジョンを描く

POINT

社員がワクワクしながら「実現したい」と思えるものを考える

2つのビジョンでゴールを目指す

ビジョンは2つの視点で定めることで、会社の姿がより伝わりやすくなります。

「定量ビジョン」と「定性ビジョン」の2つです。それぞれ具体的に説明しましょう。

まず「定量ビジョン」は業績数値で示します。「規模」「収益性」「生産性」の3つのなかで、いちばん経営上重視するものを定めます。「規模」を選んだ場合は、「売上高」について定めます。「収益性」を重視する場合は、「粗利益額（率）」「営業利益額（率）」「経常利益額（率）」のなかから一つを明確にします。「生産性」の場合は、「売上高／一人当たり」「粗利益額／一人当たり」「経常利益額／一人当たり」のなかから一つを選んで10年後に達成する数値を明確にしてください。

続いて「定性ビジョン」です。定性ビジョンは10年後の自社のあるべき姿を明確に示します。たとえば、「東京都内で業界Ｎｏ．１」「顧客満足度72％→95％」「１００店舗体制」などで、具体的な数字を絡めて表現すると、より社員たちに伝わりやすくなるでしょう。

「ビジョン」は、会社が最終的に到達するゴールである「経営理念」に対して、会社のステージを一つ上げた中継地点という位置づけです。壮大な志を掲げた「経営理念」に向かって走り続けていく途中の、まずは次のステージとしてここを実現しようという目標、中間地点を明確にするのです。

「定量ビジョン」と「定性ビジョン」の内容

1 定量ビジョン 10年後に達成する数値

規模
売上高

収益性
粗利益額、営業利益額、経常利益率

生産性
売上高／一人当たり　粗利益額／一人当たり
経常利益額／一人当たり

＋

2 定性ビジョン 10年後の自社の“あるべき姿”を表現したもの

- 業界のリーディングカンパニー
- 県内優良モデル企業
- 給料2割、3割、5割増し
- 社員成長率No.1
- 社長を3人つくる!
- 顧客口コミ業界No.1

＝

ビジョン

POINT

ビジョンは、ゴール（経営理念）へ向けての中間地点

STEP1

06

「事業計画」で「ビジョン」までのルートを見える化する

「"長期"事業計画」が組織の成長を加速させる3つの理由

経営を山登りにたとえると、「経営理念」は、これから上る山の頂上にあたります。「基本方針」で、登山のスキルを磨くために登るのか、野鳥や植物をゆっくり観察しながら登るのか、など頂上を目指すときのチーム全体の方針、考え方を示しました。「行動理念」は、そのためにチームメンバーに守ってほしい行動の基本ルールという役割です。

ここからは、具体的にどのようなルートで山頂を目指していくのか決めていきます。

「事業計画」で業績をいつどこまで伸ばすのかを示し、「戦略」でどうやって達成するのかを明確にします。

まず、事業計画として5~10年先までの損益計算書を作成します。事業計画の期間は最低5年以上とし、10年分をオススメしています。長期のものになるほど、時間も労力もかかりますが、あえて作成に

事業計画を立てる

●売上高

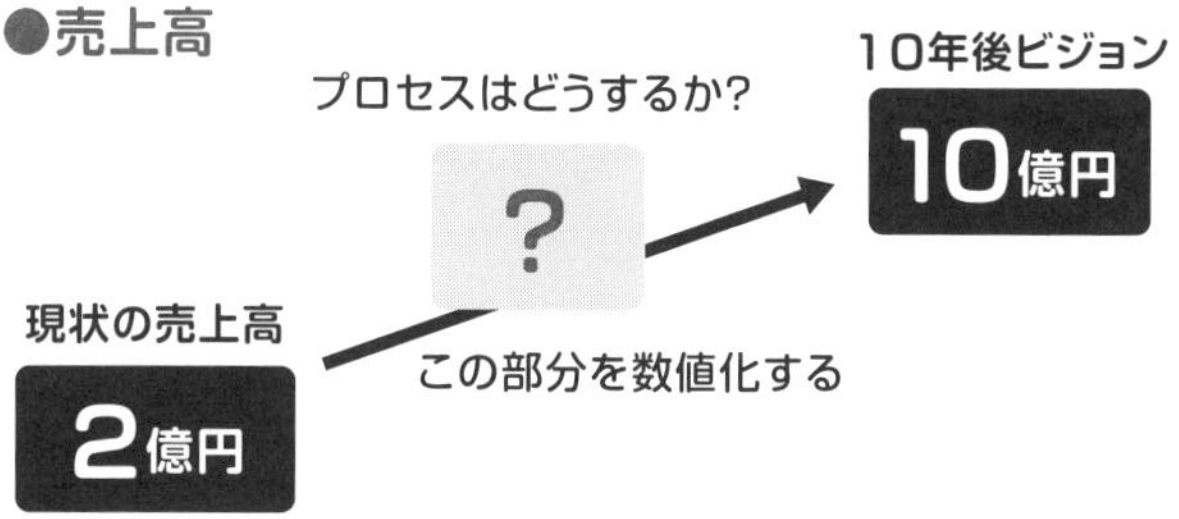

[段階的に伸ばしていくのか]

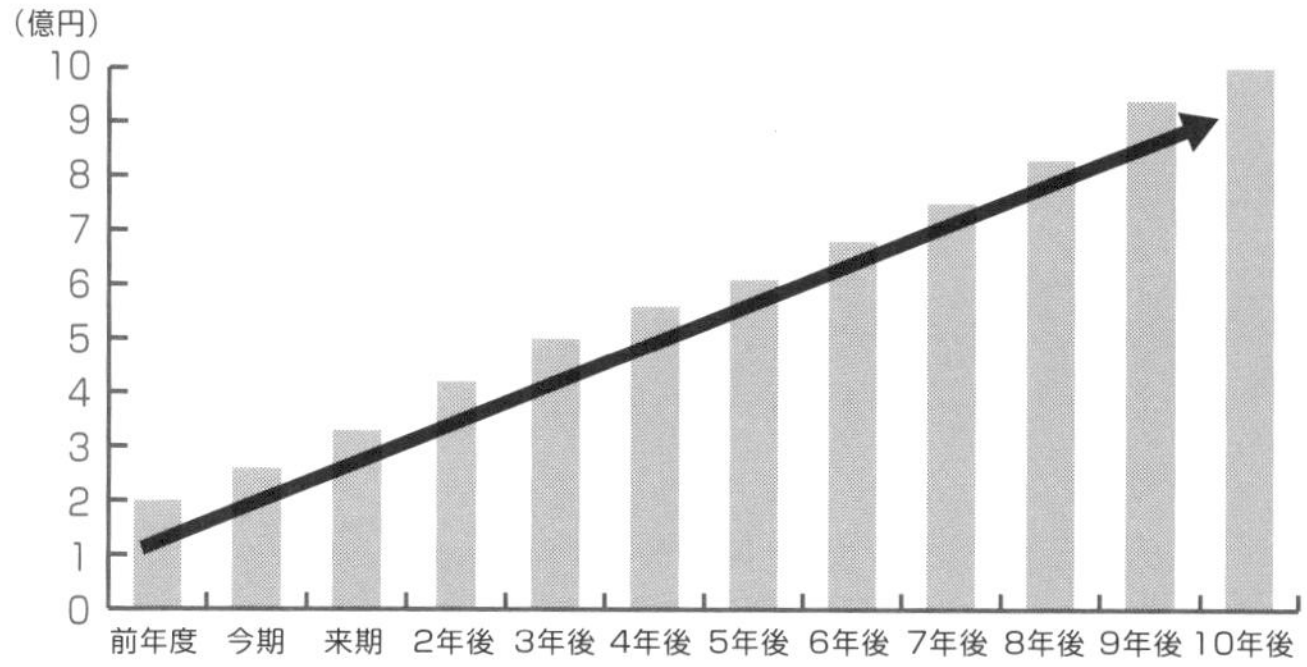

[後半に成長を加速するのか]

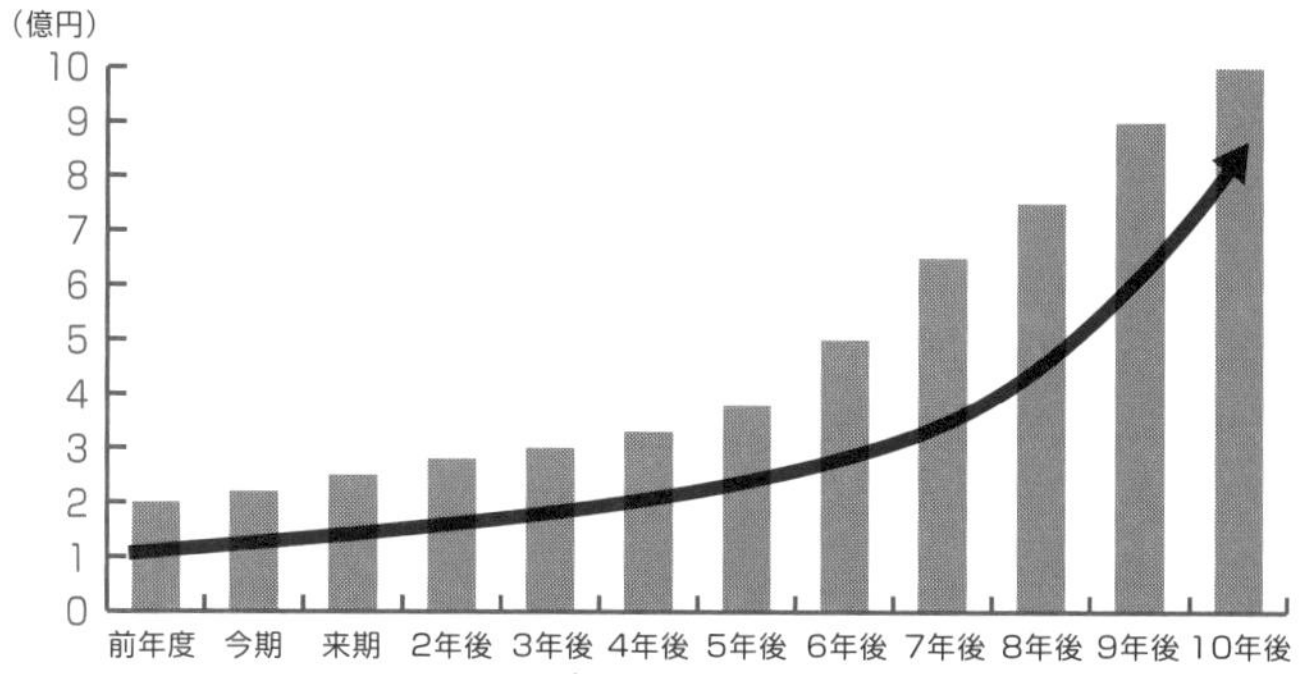

POINT

事業計画は、登山でいえばルート選び

チャレンジしてもらっています。

長期の事業計画を作成してもらう理由が3つあります。

1つ目は、**社員のモチベーション向上や働きがいにつながる**からです。

「事業計画」が10年先まであるということは、社員が会社の成長に合わせた自分自身の成長プランを長期間もてることにつながります。「ビジョン実現型人事評価制度」ではこれと連動した「人事評価制度」もあるわけですから、合わせて将来のライフプランも具体的に描け、家族と共有することで協力や応援も得やすくなり、仕事に集中できる生活環境がつくれるようになります。

このように、長期の事業計画をもつことは、社員の人生を豊かにするため役立ち、安心感と希望につながり、働きがいを実感しながら仕事に取り組んでくれるようになります。その結果、組織の生産性をアップさせることにもつながるのです。

2つ目は、**社長やリーダーの経営スキルがアップする**からです。

社長やリーダーは、予測が難しい先の数値計画を立案しなければならないとなると、これまで触れたことのない情報や知識を得ようと試行錯誤します。また、事業計画は毎年更新していきますから、達成できなくてもその結果を反省し、要因分析と対策を考えたうえで毎回長期数値目標を考えるということになります。こうしたことを繰り返すことで計画の精度もあがっていきます。

こうした取り組みを経て、社長やリーダーの数値策定スキルや将来の環境、業界の変化を予測する力がアップするのです。これはもちろん、組織全体の業績にとってもプラスに作用します。

3つ目は、**会社を新たな成長ステージに導く可能性がある**からです。

事業計画の考え方は、大きく2つあります。

1つ目が、現状の数値をもとに、なにをどう伸ばしていくのか具体的にシミュレーションしながら将来の売上や利益を決めていく『積み上げ方式』です。

2つ目が、10年後の売上などの数値を「エイヤー」と先に決めてその目標をどうやって達成していこうかと考えていく『エイヤー方式』です。事業計画の年数が長期になればなるほど、『エイヤー方式』じゃないと目標が決められなくなります。しかし、逆にこれが大きな成果につながるのです。

たとえば、現状の売上が3億円の会社が、10年後のゴールとして「10億突破」という目標を掲げたとしましょう。10年で3倍超の規模に成長するということになります。こうして設定された目標はこれまで実績を上げたことのないものになる場合が一般的です。これは、社長が未知の数値へのチャレンジを決意することになります。このトップの覚悟が、枠にとらわれない発想やアイデアにつながり、組織を次のステージへ導いていくのです。

次ページの事業計画の事例では、スペース上の関係もあり「7カ年事業計画」としていますが、みなさんはぜひ「10カ年」にチャレンジしてください。

（単位：百万円）

第 12 期		第 13 期		第 14 期		第 15 期		第 16 期	
20●●/4~20●●/3		20●●/4~20●●/3		20●●/4~20●●/3		20●●/4~20●●/3		20●●/4~20●●/3	
1,162	107.5%	1,240	106.7%	1,374	110.8%	1,672	121.7%	2,070	123.8%
542	46.6%	381	30.7%	183	13.3%	51	3.1%	0	0.0%
507	43.6%	687	55.4%	872	63.5%	1,102	65.9%	1,354	65.4%
113	9.7%	154	12.4%	244	17.8%	416	24.9%	560	27.1%
0	0.0%	18	1.5%	75	5.5%	103	6.2%	156	7.5%
244	21.0%	74	6.0%	26	1.9%	0	0.0%	0	0.0%
592	50.9%	739	59.6%	812	59.1%	1,007	60.2%	1,269	61.3%
311	26.8%	427	34.4%	536	39.0%	665	39.8%	801	38.7%
12	1.0%	0	0.0%	0	0.0%	0	0.0%	0	0.0%
3	0.3%	0	0.0%	0	0.0%	0	0.0%	0	0.0%
796	68.5%	829	66.9%	899	65.4%	1,062	63.5%	1,296	62.6%
366	31.5%	411	33.1%	475	34.6%	610	36.5%	774	37.4%
128	11.0%	141	11.4%	160	11.6%	184	11.0%	205	9.9%
223	19.2%	243	19.6%	273	19.9%	349	20.9%	464	22.4%
8	0.7%	10	0.8%	11	0.8%	14	0.8%	15	0.7%
7	0.6%	10	0.8%	12	0.9%	15	0.9%	17	0.8%
12	1.0%	12	1.0%	12	0.9%	16	1.0%	20	1.0%
10	0.9%	10	0.8%	10	0.7%	12	0.7%	15	0.7%
351	30.2%	384	31.0%	433	31.5%	533	31.9%	669	32.3%
15	1.3%	27	2.2%	42	3.1%	77	4.6%	105	5.1%
0	0.0%	0	0.0%	0	0.0%	0	0.0%	0	0.0%
5	0.43%	5	0.40%	8	0.58%	8	0.48%	8	0.39%
10	0.9%	22	1.8%	34	2.5%	69	4.1%	97	4.7%
15		15		17		20		26	
35.0%		34.3%		33.7%		30.2%		26.5%	
14.6		15.2		17.0		20.3		25.8	
5.1		5.2		5.7		6.1		6.8	
14		15		15		17		17	
4		5		5		5		5	
5		5		6		6		6	
2		2		2		2		2	
25		27		28		30		30	

◉7カ年事業計画事例

				当　期		第10期		第11期	
				20●●/4~20●●/3		20●●/4~20●●/3		20●●/4~20●●/3	
①	売上高		前年比	958		1,011	105.5%	1,081	112.8%
売上高内訳（構成比）	業界別	業界 A		755	78.8%	743	73.5%	684	63.3%
		業界 B		203	21.2%	268	26.5%	373	34.5%
		業界 C		0	0.0%	0	0.0%	24	2.2%
		業界 D		0	0.0%	0	0.0%	0	0.0%
	商品別	商品 a		548	57.2%	543	53.7%	426	39.4%
		商品 b		254	26.5%	269	26.6%	397	36.7%
		商品 c		85	8.9%	92	9.1%	195	18.0%
		商品 d		51	5.3%	65	6.4%	37	3.4%
		商品 e		42	4.4%	42	4.2%	26	2.4%
②	原価			704	73.5%	731	72.3%	765	70.8%
③	粗利益		①－②	254	26.5%	280	27.7%	316	29.2%
④	人件費			96	10.0%	104	10.3%	112	10.4%
⑤	その他経費			155	16.2%	171	16.9%	190	17.6%
		研修・教育費		0	0.0%	5	0.5%	7	0.6%
		採用費		0	0.0%	3	0.3%	5	0.5%
		広告・販促経費		0	0.0%	2	0.2%	5	0.5%
		システム・IT 投資		0.5	0.1%	1	0.1%	8	0.7%
⑥	販管費計		④＋⑤	251	26.2%	275	27.2%	302	27.9%
⑦	営業利益		③－⑥	3	0.3%	5	0.5%	14	1.3%
⑧	営業外収益			0	0.0%	0	0.0%	0	0.0%
⑨	営業外費用			3	0.31%	3	0.30%	5	0.46%
⑩	経常利益		⑦＋⑧－⑨	0	0.0%	2	0.2%	9	0.8%
⑪	1人当たり生産性		③／⑮	12		13		14	
⑫	労働分配率		④／③	37.8%		37.1%		35.4%	
⑬	1人当たり粗利益額		③／⑮	12.1		12.7		13.7	
⑭	1 人当たり人件費		④／⑮	4.6		4.7		4.9	
人員計画（単位 人）	営業部			10		11		12	
	商品開発部			4		4		4	
	業務部			5		5		5	
	管理部			2		2		2	
	⑮ 合計			21		22		23	

STEP1

07 ビジョン実現のための「戦略」を立案する

中小企業で「戦略」が実行できないワケ

5～10年分の事業計画を立てたら、その事業計画を達成するための戦略を立案します。

ところが、中小企業は、この戦略の立案、実行、進捗管理が非常に苦手です。

私の過去の経験では戦略をきっちり文章化して社員と共有し、推進できているところはごくわずかですが、決まって業績好調です。

なぜ、こんなにも戦略の有無、実行状況が中小企業の業績に大きく影響を与えるのでしょうか。

それは、戦略が現場の仕事を会社の事業計画へと導く案内役のようなものだからです。

この戦略が明確になっていないと、社員が目標達成のためにどう動いたらよいのかがわかりません。

いや、正確にいうと、現状の目の前にある仕事が自分の仕事だと思い、一生懸命取り組み続けます。

しかし、これでは社員の働きが将来の会社の成長に結びつきません。

「ビジョン実現型人事評価制度」では、事業計画と戦略を立て、戦略に基づいて作成した評価基準を社員の行動に落とし込んでいます。こうして社員の行動が会社の目標に向けたものになるのです。

では、なぜこんなに重要なものにもかかわらず、戦略が明確になっていない中小企業が多いのでしょうか？

原因は2つあります。

1つ目は、戦略そのものが非常にわかりにくいということです。

戦略とはどんなものか把握できていなければ、そもそも戦略を立てることができません。まずは、**戦略とは何かということをしっかり理解する**ことが必要です。

私は、戦略とは「目標を最も効果的に達成するための仕掛け、打ち手、仕組み」という位置づけでクライアントに伝えています。

たとえば、【顧客数を50社から100社に増やす】を戦略としている会社をたまに目にしますが、これに「仕掛け」や「打ち手」はまったく含みませんから戦略とはいえません。目標です。

「営業エリアを◯◯まで広げる」「既存客への高付加価値サービスで紹介を得る」「営業マンを増員する」「広告へ投資し、新規見込み客を集める」「ある業界に絞ってアプローチする」という仕掛け、打ち手が戦略になります。

もう1つは、結果が見えにくい、予測しづらいということです。

たとえば、「営業マンを増員」したからといって顧客数が増えるとは限りません。

「広告へ投資」しても新規客が必ず集まるとは限らないでしょう。結果が出るかどうかがわからないことへの投資をどうしても躊躇してしまうのです。**戦略とは新たな投資（お金・時間）が必要で、一種の賭けである**、と理解しておきましょう。

中小企業でまず取り組むべき2つの戦略

最低限の投資で最大の効果が得られるにもかかわらず、ほとんどの中小企業で取り組まれていない「戦略」があります。顧客戦略です。顧客戦略では主に次の２つの戦略に取り組みます。

1　顧客管理の仕組みづくり
2　顧客育成の仕組みづくり

この2つは中小企業の成長になくてはならない戦略です。

まずここから取り組んでいただくだけでも**大きな成果に必ずつながりますので、ぜひ明確化して取り組んでください。**

最低限の投資で最大限の効果を生む3つの戦略

戦略

目標（10カ年事業計画）を最も効果的に達成するための仕掛け・仕組み

中小企業では不明確なところがほとんど

原因1 経営戦略そのものがわかりにくい

原因2 結果が見えにくい、予測しづらい

↓

そこで中小企業はまず、次の2つの戦略に取り組む

1 顧客管理の仕組みづくり

顧客管理のルールを明確にし、顧客情報の管理と共有、活用を図る取り組み

2 顧客育成の仕組みづくり

顧客との関係性を強化していく取り組み

POINT

何から手をつけたらよいかわからないときは、
2つの戦略から実行する

1　顧客管理の仕組みづくり

まず、顧客管理の仕組みづくりでは、顧客管理のルールを明確にし、顧客情報の管理と共有、活用を図ります。本来、「顧客情報」は会社の財産です。

ところが、この**「顧客情報」を整理、共有、活用できている会社があまりにも少ない**のです。営業担当者が個別のフォーマットで管理していたり、ルールはあるものの活用がバラバラになっていたりほとんど放置しているという中小企業もめずらしくありません。これでは、財産である顧客情報を有効に活用することは不可能です。まずは、顧客情報を記録する方法を統一し、その管理、活用方法もルール化しましょう。具体的には、次の2つを徹底します。

A　顧客情報の記録、管理方法

B　顧客情報の活用方法

「顧客情報の記録、管理方法」はまず、顧客情報を記録するフォーマットを統一します。

たとえば、「顧客情報シート」というフォーマットを作成し「顧客の基本情報」と「顧客への訪問、

中小企業が苦手な顧客情報の活用

●顧客情報＝会社の財産

しかし、実態は社員任せがほとんど

- フォーマットバラバラ
- 記録内容バラバラ
- 保管場所バラバラ
- 活用方法バラバラ

↓

A 顧客情報の記録・管理方法

- 記録するフォーマットを統一
- 記録方法、整理・整頓場所を統一

B 顧客情報の活用方法

- どんな情報を活用するか
- どうやって加工・分析・活用するか

POINT

顧客情報のルール化と活用で業績向上に！

打合わせ内容」を記録します。また、記録・保存する方法と場所をルール化しておきます。「顧客情報シート」は手書きか、データか。会社のサーバーやシステムに保存するのか、プリントアウトして顧客台帳のようなファイルを作成するのか。個々人に任せるのではなく、会社のルールを決めてください。「顧客情報の活用方法」も同じです。

たとえば、週1回の営業ミーティングで「顧客ニーズ」と「顧客クレーム」を営業担当から報告させ、共有する。こうして明確になった「顧客ニーズ」は、全営業マンがほかの顧客にもヒアリングを行い、提案方法の改善や新商品の企画、開発につながるかを検討する。あるいは、月1回の全体会議で、「新規客活動状況」として他部署から協力できることを話し合う。

このように顧客情報の何をどう共有、活用するか、ルールを明確にしておきましょう。

2 顧客育成の仕組みづくり

顧客育成の仕組みづくりとは、**顧客との関係性を徐々に強化して、段階的に自社の圧倒的なファンに育てていこうとする取り組み**です。そのためにまず、**「顧客ランク」**と**「顧客コミュニケーションルール」**を明確にします。**「顧客ランク」**では、全既存客の重要度をランク分けして、全社員で共有します。顧客の重要度を図る尺度を決めて、ランクを分けます。

顧客は仕組みで新規客→VIP客に育てる

顧客育成の仕組みづくり

1 顧客ランクの分類

2 顧客ランクに応じたコミュニケーションルールの実践

3 お得意客・VIP客の増加

4 業績の拡大

顧客ランクの分類

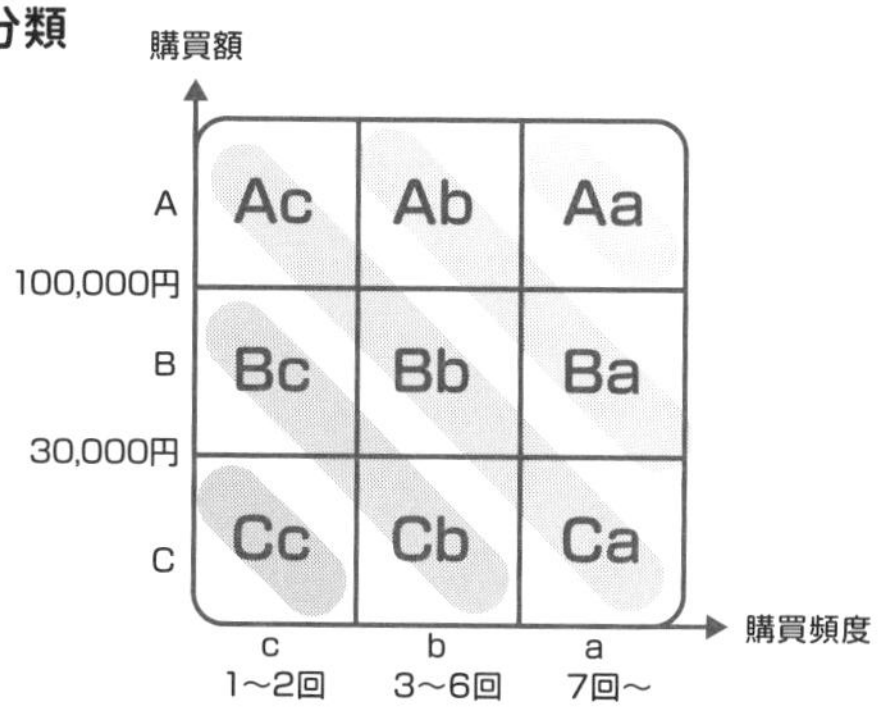

縦軸と横軸を掛け合わせると9つに顧客を分類できるので、さらにそれを5つのタイプにランク付けする

9つに分類	5つにランク付け
Aa	超VIP客
Ab,Ba	VIP客
Ac,Bb,Ca	お得意客
Bc,Cb	既存客
Cc	これから客

すべての顧客を9つに分類して、
5段階にランク付けしたら、
それを社員全員で共有する！！
ここまでが
「顧客ランクの分類」の作業。

POINT

全社員で誰がどのランクなのかを共有し、顧客対応に活かす

尺度の例としては、法人対象のビジネスだと、
粗利益額／売上高／重点商品の取引額／取引期間／受注頻度
個人対象のビジネスだと次のようなものがあります。
購買金額／購買頻度／重点商品購入額／新規客紹介件数／取引期間

2つあるいは3つの尺度から分類するケースが多いです。

たとえば、縦軸に購買金額を「A　10万円以上」「B　3万円～10万円未満」「C　3万円未満」と示し、横軸に購買頻度を「a　7回以上」「b　3～6回」「c　1～2回」とした表を作成します。

そして、この2つの尺度を掛け合わせると、「Aa、Ab、Ba、Ac、Bb、Ca、Bc、Cb、Cc」という9つに顧客が分類できます。

これを「超VIP客Aa」「VIP客Ab、Ba」「お得意客Ac、Bb、Ca」「既存客Bc、Cb」「これから客Cc」とランクづけし、社員全員で共有します（93ページ「顧客ランクの分類」参照）。

上位ランクの顧客を増やすために、**「顧客コミュニケーションルール」**を明確にし実践します。これは、各ランクの顧客にどのようにアプローチするかを示したものです。たとえば次のようなものです。

1　お客様感謝イベントへのご招待
2　お誕生日のプレゼント
3　利用金額や頻度に応じたプレゼント

顧客ランクを上げるためにコミュニケーションを実施する

●顧客コミュニケーション例

1 お客様感謝イベントのご招待
2 お誕生日のプレゼント
3 利用金額や頻度に応じた
プレゼント
4 VIP客特別情報の提供
5 ニュースレターの送付
6 DM
7 メルマガ

↓ 顧客ランク別に
どのコミュニケーションを
提供するかを決める

コミュニケーション実行表

顧客ランク	提供する コミュニケーション
超VIP客	1〜7
VIP客	2〜7
お得意客	4〜7
既存客	6、7
これから客	7のみ

POINT

**顧客ランクに応じてコミュニケーションを変えることで、
顧客を育てていく(=「顧客の育成」)**

4 ＶＩＰ客特別情報の提供（先行セール、特別情報など）
5 ニュースレターの送付
6 ＤＭ
7 メルマガ

これらのコミュニケーションをさきほどの顧客ランクに当てはめると、95ページの図のとおりです。

これを私たちは、「顧客の育成」と呼んでいます。このコミュニケーションの実践を通じて、「既存客」は「お得意客」に、「お得意客」は「ＶＩＰ客」に育てていくからです。

運用する際は対象期間を決め、これを毎月１カ月ずつずらしながら計測します。たとえば、対象期間を３カ月とした場合、【4～6月】【5～7月】【6～8月】それぞれ各ランクに何人の顧客がいるのかを毎月計測し、より上位ランクの顧客が増加しているかをモニターします（左図参照）。

また、「顧客の育成」は間接部門の人の協力なくしてはできません。

イベント、プレゼントの企画やニュースレター、ＤＭ、メルマガの作成など多岐にわたるからです。

ルールだけを決めても実行されないままの場合もあるため、**担当責任者とスケジュールをきちんと決めて、会社全体で推進していくことが重要です。**ルール化しておけば、顧客の重要度に応じて、必要なコミュニケーションが会社の仕組みとして自動的に行えるようになるのです。

顧客コミュニケーションの実践の成果を計測

（単位：人）

4〜6月

Ac 14	Ab 32	Aa 20
Bc 82	Bb 51	Ba 16
Cc 134	Cb 46	Ca 9

総顧客数＝404

5〜7月

17	28	22
90	64	17
141	31	3

総顧客数＝413

顧客コミュニケーションを実践することで、顧客ランクを上げつつ、総顧客数をふやしていく

6〜8月

7	24	25
102	55	21
172	44	4

総顧客数＝454

7〜9月

11	26	27
124	78	33
188	52	12

総顧客数＝551

8〜10月

24	46	38
147	98	41
203	72	16

総顧客数＝685

<4〜6月から8〜10月までの各顧客ランク>

Aa　20→38
Ab　32→46
Ba　16→41
より上位ランクの顧客数が何人増えているのか、
毎月1カ月ずつずらして計測する

POINT

**顧客コミュニケーションの実践で
上位ランクの顧客数を効果的に増やす**

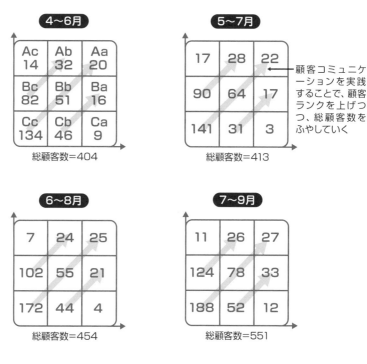

中小企業の成長のために必要であるにもかかわらず、ほとんどの会社で取り組まれていない顧客戦略を2つご紹介しました。

これ以外にも通常、会社の状況や経営課題に応じて10～20程度の戦略を立案します。「ビジョン実現型人事評価制度」では、戦略をもとに「アクションプラン」という実行計画を作成し、この推進を216ページからご紹介するアクションプラン会議を通じて、リーダーのマネジメント力の育成を図りながら会社の業績目標の達成を目指します。

繰り返しますが、戦略は会社の数値目標達成のためになくてはならないものです。ところが、中小企業ではこの戦略がない、あるいは明文化しないまま経営を行っている会社が非常に多いのです。

そうすると、どういったことが起こるでしょうか。業績結果だけを社員に求めて、その達成方法やプロセスはリーダーや営業マン次第となってしまいます。社員がそれぞれの考え方や方法で自分勝手に行動してしまいますから、優秀なリーダーがいる部署やできる社員だけが結果を上げ続け、能力不足の部署や社員はいつも目標が達成できないといった状況に陥ってしまいます。

これでは会社全体の生産性を向上させるのは難しいでしょう。逆に、中小企業はこのいつも目標が達成できない部署や社員を底上げすることで劇的に生産性を上げることができるのです。

「戦略なき経営が中小企業の生産性を低下させている」ともいえるのです。

こうした中小企業の現状を打開し、目標を達成するための戦略的なマネジメントができる組織、リーダーをつくることができるのも「ビジョン実現型人事評価制度」の大きな効果なのです。

しかし、中小企業はまずこの戦略を立案するところでつまずきます。戦略を考えるための勉強や訓練を受けていない人が多いからです。では、一体どうやって戦略を推進しながら目標をクリアし続けることができる組織をつくればよいのでしょうか。

ご安心ください。そんな方々のために、中小企業でそのまま実践すれば成果につながる戦略をご準備しています。

500社以上の中小企業の戦略立案とその推進にかかわってきた私の実体験から、**必要な戦略の70%はどんな中小企業も共通のものになる**ということがわかりました。また、残りの20～30%も各企業の実態に応じて採用すべき戦略のパターンがあり、あらかじめ過去に実行して成果につながった戦略をラインナップしておいて、状況に応じて自社の戦略として実行すれば効果が出ることがわかりました。

この考え方を「小さな会社がそのまま使える15の戦略メニュー」として、拙著『図解　小さな会社は経営計画で人を育てなさい！』（あさ出版）にまとめています。107ページから150ページにかけて15の戦略とそれぞれの考え方、推進ポイントを説明していますのでぜひ参考にしてください。

STEP1

08

「現状の人材レベル」を把握する

ビジョンを実現する人材の成長目標も明確化

一般的な経営計画には、ここまでご紹介した項目を盛り込めば十分だと考えられています。

しかし、本書ではもう少しオリジナルの要素を盛り込みます。それが「人材育成目標」で、「現状の人材レベル」「10年後の社員人材像」「ギャップを埋めるために必要な課題」の3つの項目について考えます。

「人材育成目標」は会社の将来ビジョンを達成するために欠かせないものです。

社員がレベルアップしなければ会社の目標達成はかないません。そのためにも、社員がどこまで成長すべきかという目標を明確にしておく必要があるのです。

この人材成長を実現する仕組みが「評価制度」です。これに人材育成目標を達成するための要素を落とし込むためには、「現状の人材レベル」と「10年後の社員人材像」とのギャップを明確にして、その「課題」を評価基準で評価、成長支援していく体制にする必要があるのです。

「現状の人材レベル」を把握する

●3つの要素で人材育成目標を明確化

2 10年後の社員人材像を描く

3 ギャップを埋めるための課題を明確にする

1 現状の人材レベル

評価基準

［評価項目例］

●業務改善
問題意識をもって自ら課題を発見し、問題点を明確化したうえで改善の提案を行うことができていた

●積極性
新しいことや不慣れな業務に自らチャレンジできていた

●情報収集力
あらゆる媒体、機会から情報を入手し、上司に報告できていた

社員の育成目標へ

POINT

経営計画には、人材育成のための目標が不可欠

まずは現状の人材レベルを把握する

まずは、「現状の人材レベル」を把握するところから始めます。今いる社員がどのレベルにいるのかを知らなければ、彼らをどこまで導けばいいのかがわからないからです。

具体的には、社長やリーダーが中心となって、現在の社員の「強み・長所」「弱み・短所・問題点」を徹底的に洗い出します。同じ意味のものは整理・統合します。こうすることで、解決するためにはどうすればよいかという対策も打ちやすくなります。こうして「現状の人材レベル」をまとめます。

実際にやってみるとわかりますが、一般的には「長所・強み」より、「弱み・短所・問題点」のほうが多くなります。出そろった結果に頭を抱えてしまう方がいるかもしれませんが、悲観的になる必要はありません。「弱み・短所・問題点」が多いということは、裏を返せば、伸びしろがたくさんあるということ。現在の社員たちがレベルアップすることで、会社も成長する可能性を秘めているといえます。

この人材レベル分析をすると、中小企業では必ず「一生懸命」「まじめ」という長所が入ります。

ではなぜ、一生懸命、まじめに取り組んできた社員が多くの課題を抱えているのでしょうか？

それは、会社が成長に結びつく仕事や役割を与えられていなかったからです。

提示されたことや与えられたことは「一生懸命」「まじめ」に取り組むわけですから、**正しく導くことができれば、会社が求める人材に成長してくれるはず**です。

現状の人材レベルをきちんと把握する

今いる社員のレベルはどのくらいか具体的に把握する

実務面／意識面

〈強み・長所〉	〈弱み・短所・問題点〉
・言われたことはできる	・数字に弱い
・指示通りに動く	・期限が守れない
・一生懸命	・他人や会社・環境のせいにする
・まじめ	・自主的・自発的に行動できない
・チームワークを大切にする	・指示待ちが多い
・あいさつがきちんとできる	・言い訳が多い

自社のレベルはどのくらいか実際に書き出してみよう！

実務面／意識面

〈強み・長所〉	〈弱み・短所・問題点〉
・	・
・	・
・	・
・	・
・	・
・	・
・	・

POINT

どんな「強み・長所」「弱み・短所・課題」もあげる

STEP1

09

「10年後の社員人材像」を具体的に明文化する

10年後のビジョンを実現できる人材像を明確化

「現状の社員のレベル」を把握したら、次は、「10年後の社員人材像」を明確にします。**10年後の事業計画とビジョンを実現するには、どういう人材に成長してもらう必要があるか**という視点で人材像を明確にします。

まずは、先ほど明らかにした「現状の人材レベル」を見てください。「強み」と「弱み」が明確になっているはずですから、今度はそれをクリアするためにどんなスキルが必要か、どんな人材だったら現状の問題を解決できるかを書き出してみるといいでしょう。

また、「10カ年事業計画」や「戦略」を見ながら、実行・実現のためにどんなスキルが必要かを考え、明確にします。リーダーには3～5項目、一般社員には5～10項目でまとめます。

そして、最後に目指すべき人材像に成長することで、10年後の目標・ビジョンが達成できるかどうかを検証します。

「10年後の社員人材像」を具体化する

10年後のビジョンを実現するためにはどういう人材に成長してほしいか

全社員

- 理念を理解し実践できる人材
- 目標に対して執着心をもって取り組める人材
- 自発的に考え、行動できる人材
- 素直な心で改善を繰り返し、常に向上を目指す人材
- プラス思考で、積極的に課題解決にチャレンジできる人材
- 仕事に熱意をもってのぞみ、最後までやりきる人材

リーダー

- 自社の理念・ビジョンを部門に浸透させることができる人材
- 目標の達成に向けて、部門をまとめることができる人材
- 戦略・アクションプランを部下を通じて実践することができる人材
- 目標に対して執着心をもって取り組み、成果を出せる人材
- 何事にも熱意をもってのぞみ。まわりに影響を与えられる人材

10年後の理想の人材をイメージしながら、実際に書き出してみよう！

全社員

-
-
-
-
-

リーダー

-
-
-
-
-

POINT

現状の人材レベルの課題を解決するには？

》「どう育ってほしいか」を具体的に示さないと育たない

私は仕事柄、中小企業の社長にこんな質問をしばしば投げかけてみます。

「御社の人材レベルはどうですか？」

すると、ほとんどの社長は、「まだまだ不足しているよ」と答えます。そこで私は続けます。

「何が不足しているんですか？」

「とにかくやる気が感じられないんだ」

「具体的にどういうスキルを身につけて、いつまでにどうなってほしいかを明確にしていますか？」

「いや、それはしていないなー……（苦笑）」

どんな中小企業の社長でも同じようなやり取りになります。

社員に成長してもらう必要があるにもかかわらず、どのように成長してほしいかは明確にしていない。

そして、「やる気を出せ」「努力が足りない」「もっとチャレンジしろ」と言葉を投げかけるだけ。これでは社員は、成長したくてもどこを目指して何に取り組めばよいかわからない状態です。

このような状態に陥らないためにも、「10年後の社員人材像」を定め、現状とのギャップを明確にして、評価基準に落とし込むのです。この評価基準にそって社員が行動してくれることで、社長が望む方向へ社員を成長させていけるのです。

「10年後の社員人材像」の考え方

10年後に求める人材像を示すことで
全社員の成長ステップが明確になる

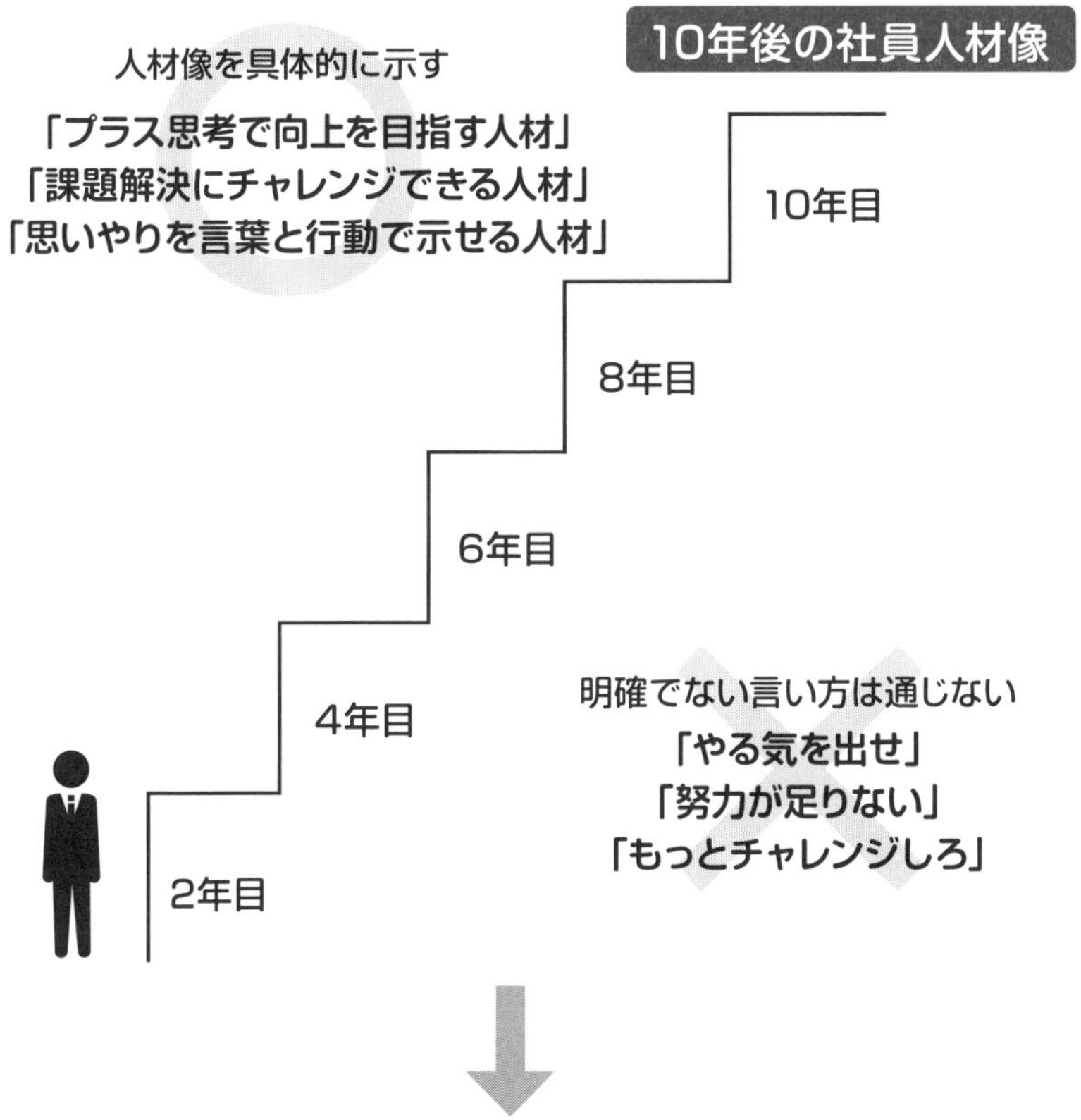
10年後の社員人材像
人材像を具体的に示す
「プラス思考で向上を目指す人材」
「課題解決にチャレンジできる人材」
「思いやりを言葉と行動で示せる人材」
10年目
8年目
6年目
4年目
2年目
明確でない言い方は通じない
「やる気を出せ」
「努力が足りない」
「もっとチャレンジしろ」

計画的に理想の人材に育成できる

POINT

**どういう人材に育ってほしいかを明確にしないと
社員はわからない**

STEP1

10 「ギャップを埋めるために必要な課題」を洗い出す

理想の人材を実現するために何が必要か

ここまでで、「現状の人材レベル」「10年後の社員人材像」が明らかになりました。

次は社員たちが**どうすればその目標レベルに到達できるのかを考えていく**作業です。

つまり、現実と理想の間にどれくらいのギャップがあるのかを知り、その差を埋めるための方法を考えるのです。

このステップで大事なことは、その差を縮めるためにどんな役割、あるいはスキルが必要となるのかを考えることです。

たとえば、個人売上を最優先に考えているリーダーに対し、マネジメントの役割を求めていくとしましょう。すると問われてくるのは、「会社の理念・考え方を浸透させる力」や「部署目標を達成する力」です。自分だけの仕事をこなすのではなく、チームのために時間を使う必要もあるため、「効率的な時

「ギャップを埋めるための課題」を具体化する

**現状の人材レベルと理想のギャップに対して、
どんなスキルを身につければ、目標レベルに成長できるのかを考える**

全社員	リーダー
〈企画提案力〉 ・企画・提案力アップによる営業力・商品力強化	〈戦略・アクションプラン推進〉 ・戦略に基づいたアクションプランの立案および計画的推進、効果検証、改善
〈業務効率化〉 ・仕組み化・マニュアル化・ルール化の推進と遵守の徹底	〈目標達成支援〉 ・チャレンジ制度を活用した目標設定と達成支援、PDCAを徹底
〈スケジュール管理〉 ・期日管理、効率性の意識向上、徹底管理の仕組みづくり	〈環境対応能力〉 ・あらゆる分野からの情報収集と環境変化への柔軟な対応力
〈責任感〉 ・仕事に対する責任感とプロ意識をもった自覚ある行動の意識づけ	〈人材育成能力の向上〉 ・評価による部下の課題の現状と課題の把握、継続的成長支援の実践

必要なスキル・対策を洗い出してみよう！

全社員	リーダー
•	•
•	•
•	•
•	•
•	•
•	•
•	•

POINT

一般職・リーダーそれぞれに求めるものを別々に定めて、具体的な仕事上のスキルまで落とし込む

間の使い方」「計画性」「実行力」なども求められるはずです。

「ギャップを埋めるために必要な課題」は、評価基準や社員教育にも落とし込んでいくため、できるだけ具体的に記しておくのがよいでしょう。また、「10年後の社員人材像」に合わせて一般職とリーダーで求めるスキルや役割を別々に明確化します。

「人材育成目標」の3つがそろうことで会社の人材育成の方向性が明確になります。

言い換えると、会社の教育の指針が具体的になったということです。社員の教育や研修も「ギャップを埋めるための課題」を解決し、「10年後の社員人材像」にステップアップできるようなものを行えばいいのです。こうすれば19・20ページでご紹介したような間違った教育を行ってしまうことはないでしょう。

また、「ギャップを埋めるために必要な課題」は、評価基準に落とし込み、仕事上で実践してもらうことで求める人材を目指してもらいます。

たとえば、前ページのマネジメント力を求めたい社員に「部署目標の達成」に向けて行動してほしい場合は、「部署全体とメンバー全員の目標を把握しており、達成に向けたアドバイスや支援を行っていた」という評価基準の内容を求めていきます。

評価制度はこれを全社員に対して、継続的に実践していきますから、全社員が少しずつ理想の人材像に近づいていけるのです。

「人材育成目標」で社員を育成する方法

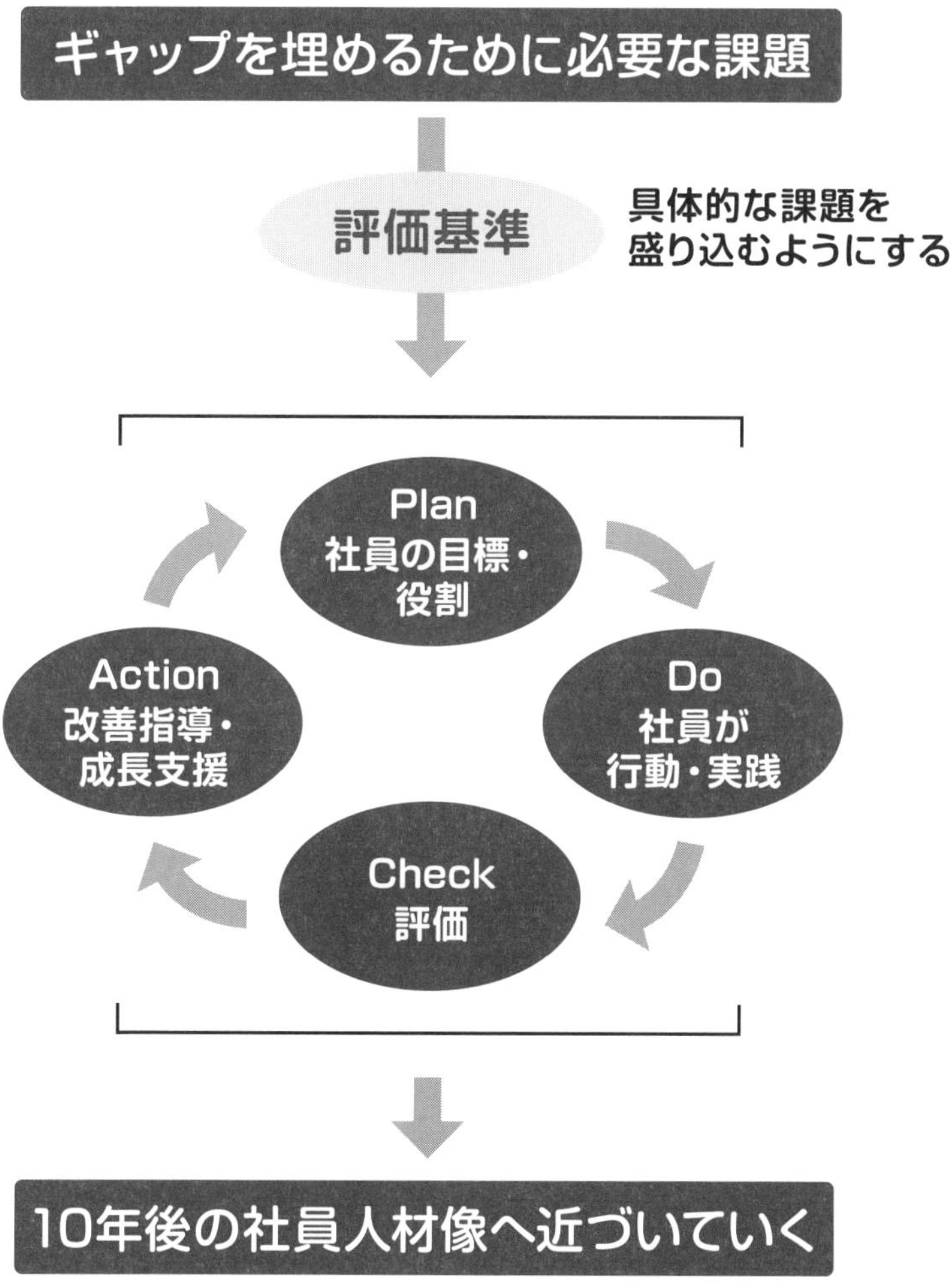

POINT

ギャップを埋めるために評価制度を活用する

STEP 2
「評価制度」をつくる

STEP2

00

「経営計画発表会」で全社員とプロジェクトのゴールを共有する

社員全員のベクトルを合わせる場

ＳＴＥＰ２で人事評価制度の核ともいえる「評価制度づくり」を行っていきます。一つずつ「ビジョン実現シート」をつくり込んできた方からすれば、ようやくここまでたどり着いたという思いでしょう。はやる気持ちが抑えきれない方もいるでしょうが、焦りは禁物です。

「評価制度づくり」を行うためにはまず、「ビジョン実現型人事評価制度」の目的を全社員と共有する場を設けなければなりません。それが「経営計画発表会」です。

なぜこのような場をもつ必要があるのかというと、プロジェクトの目的や会社の考え方・方針などを全社員に理解、共感してもらわないと、いくら緻密で精度の高い評価基準をつくったところで、うまくいかないからです。つまり、この**「経営計画発表会」でうまく社長や幹部の思いを伝えることができるかどうかが、プロジェクトの成功に大きく影響してくる**のです。

「経営計画発表会」は全社員とビジョンを共有する第一歩

STEP 1　「ビジョン実現シート」を作成する

STEP 2　「評価制度」をつくる

「経営計画発表会」を行う

↓

「ジョブ・ヒアリングシート」を作成する

↓

「評価制度づくり」に取りかかる

↓

グレードと仕事レベルを明確にする

↓

評価項目を作成する

↓

「業績項目」で数値目標を明確にする

↓

業績に直結する「成果項目」を作成する

↓

役割を実行するために必要な「能力項目」を定める

↓

仕事に対する姿勢・考え方を定めた「情意項目」を定める

↓

項目ごとの重みづけを「ウェイト配分表」に反映する

↓

評価制度の完成

そして、そのときに必要なのがＳＴＥＰ１で作成した「ビジョン実現シート」です。会社の経営に対する方針や人材育成の考え方がすべて込められているので、シート一枚を通じて説明ができるのです。

よくある失敗例は、「経営計画」を全社員に配っただけだったり、リーダーにだけ内容を伝え、社員に伝えておくように指示をして終わってしまったりするパターンです。

これでは「経営計画発表会」本来の目的が実現できません。必ず次の手順で進めてください。

「経営計画発表会」のゴールは３つ

経営計画発表会には３つの目的があります。

１　会社の考え方、方向性を全社員と共有する

２　社員に「人事評価制度」の目的と役割を理解してもらう

３　社長、リーダーの決意を伝える

「経営計画」を発表した後は、みんなで戦略を実行し、目標を達成しなければなりません。そこで、初回の経営計画発表会では一人でも多くの社員に会社の考え方である４つの理念と会社が目指す方向性を示したビジョンを理解、共感してもらうことを目指します。

「経営計画発表会」で大事なこと

●目的は3つのポイントを伝えること

1 プロジェクトの成功には全社員の理解と協力が欠かせないこと

2 人事評価制度の目的は、人材育成を通じてビジョンを実現し、全社員が豊かになること

3 プロジェクトが会社の将来のためになくてはならないもので、社長が本気で取り組むこと

↓ 全社員から共感と協力を得る

1～3が伝わらないと、どんなに緻密で精度の高い評価基準をつくってもうまくいかない！

POINT

社員全員にプロジェクトへの参加意識をもたせることが重要

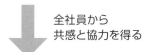

そのために実行していただきたいことが3つあります。

まず、**必ず全社員参加で行ってください。**アルバイトやパート社員も、現場の戦力となっている会社では、できるだけ参加してもらったほうがよいでしょう。営業所や店舗が広域にあって集まりにくい場合は、エリアごとに複数開催するなど、全社員が直接参加できるように工夫しましょう。

わかりやすくポイントを強調しながらできるだけ平易な言葉で伝えてください。たとえば、私は冒頭に「経営計画とは自社が『どこへ・いつ・どうやって』いくのかを示したものです」と伝えて経営計画発表会に入ります。

「どこへ」は経営理念やビジョン、事業計画など、「いつ」はビジョンや事業計画に記載されている年月など、「どうやって」は基本方針や行動理念、戦略などとなります。経営計画発表会の最後に、「自社が『どこへ・いつ・どうやって』いくのかがわかりましたか?」と問いかけ、みなさんの表情やうなずき具合を確認します。こうすることで、理解度をある程度図ることができます。

次に、「人事評価制度」の目的と役割を伝えます。

これは、経営計画のように〝できるだけ〟理解してもらうというようなレベルではなく、全社員が〝十分把握〟する必要があります。すでに、24ページでお伝えしましたが、大事なことなので、もう一度確認しておきます。

「経営計画発表会」成功のコツ

全社員の参加

全社員のベクトルを合わせる場

社外の会場を借りて行う

「経営計画発表会」の重要性が伝わり、社員への意識づけに効果がある

2時間以上かけてじっくり行う

一つひとつわかりやすく伝えるよう心がけ、社長の思いやプロジェクトメンバーの決意を伝える時間も設ける

リハーサルを行う

本番と同じ手順でひととおりリハーサルを行って確認・修正

懇親会を終了後に行う

食事やアルコールも入れながら、社長・プロジェクトメンバーと社員側のコミュニケーションを深め、ベクトルを合わせる場とする

POINT

ベクトルを共有するための工夫をする

「人事評価制度」は、全社員が豊かになることがゴールです。この目的に向かって経営計画を実行し、目標を達成できる人材を育てる仕組みとしてこれから「人事評価制度」の構築に取り組むということをしっかり伝えましょう。

そして、経営計画発表会は〝社長の覚悟〟を全社員に向かって発信する場でもあります。〝覚悟〟とは、事業計画を達成し、ビジョンを絶対に達成するという社長自身の覚悟です。社長自身が決意を感情に込めて、しっかり発信しましょう。

また、これまで一緒に経営計画を作成してきた、幹部・リーダーも社長とベクトルを合わせ、絶対に目標を達成するという決意をもって推進にあたるということが伝わる場をつくりましょう。

具体的には、幹部やリーダーに経営計画の一部を発表してもらいます。**社長と幹部、リーダーがプロジェクトのメンバーとして一枚岩となって経営計画の作成に取り組んだ、ということが伝わるのが理想**です。

ここで、経営計画発表会を成功させる重要なポイントをお話ししておきましょう。

それは、うまく話そう、カッコよくプレゼンしようと考える必要はないということです。経営計画発表会のゴールは3つの目的を果たし、発表会が終わった瞬間から「経営計画」にそって行動してもらうことです。

そのためにはまず、参加している社員の感情を動かすことです。相手の感情に働きかけるには、あなたが熱意をもって高いエネルギーを保ち、社員を導きたいハッピーな状態をイメージしながら、大事なことを繰り返しながら話をすればよいのです。これと、流ちょうにカッコよく話をするのとは全く別の話です。

「話が流ちょうで、笑いも取りながら飽きさない講演だったけど、結局何がいいたかったかよくわからなかったな…」という印象が残ったセミナーや講演に参加した経験はありませんか？

「社長も部長も緊張していたけど、気迫はすごかったな」と社員が感想を漏らすようだったら大成功です。

STEP2

01 「ジョブ・ヒアリングシート」で社員全員に参加意識を

社員一人ひとりに参加意識をもってもらう

「経営計画発表会」を終えたら、評価基準をつくる前にもう1つ準備することがあります。「ジョブ・ヒアリングシート」というシートを使って評価基準づくりのための情報を集めます。

社員全員が「現在の担当業務の内容、比重、課題」（125ページ　シートⅠ）と「本来やるべきだが取りかかれていない仕事」（124ページ　シートⅡ）を記入します。シートには3つの役割があります。

1 評価基準づくりのもとになる情報を集める
2 社員が自分の取り組むべき課題を把握する
3 社員自らがプロジェクトに参加している意識をもってもらう

とくに2と3を実感してもらうことで、社員たちが受け身ではなく、自分ごととしてプロジェクトに主体的に関わるように意識づけします。

「ジョブ・ヒアリングシート」をつくってもらう

リーダーとして　一般社員として

- 自分の担当業務の内容・課題は何か？
- 本当はやるべきだが取り組めていない仕事は何か？

↓

やるべき仕事の内容を整理する

それぞれの仕事の重要度を考える

取り組むべき課題を考える

「本当はやるべきこと」を洗い出す

プロジェクトの参加意識をもつ

↓

「ジョブ・ヒアリングシート」の完成

POINT

社員全員に参加意識をもたせることが重要

◉ジョブ・ヒアリングシートⅡ（現状はできていないが本当はやりたい、やらなければならないと思っている仕事）

仕事区分	仕事項目	仕事内容・手順・仕事を行う上でのポイント	阻害要因・手がけるために必要なこと
営業活動	営業ツールの整備	・アプローチブック、会社の理念、こだわり案内など	誰かがつくってくれるだろうという意識
	DM	・顧客情報管理ソフトの入力を実施、フォロー活動を定期的に行う	入力に時間がかかるため、後回しになりがち
	電話フォロー	・DM 郵送後にフォローの電話をかける	期限を決めて全員でとりかかる
	HP	・事例更新の頻度を増やし、内容をもっと充実させたい	担当者以外、更新方法を知らないため、頻度を上げることが難しい
教育	営業活動の指導	・部下一人ひとりの目標と課題を把握して、定期的に面談を行いながら指導する	自分のことで精一杯で時間がとれない
その他	環境整備	・毎日必ず実施すること 効率的な営業活動のために	目的が明確に理解されていないため、きちんと実施されていない

◉ジョブ・ヒアリングシート Ⅰ（現状行っている仕事）

仕事区分	仕事項目	仕事内容・手順・仕事を行う上でのポイント	比率(%)	問題点・課題
営業活動	既存客フォロー	・過去の購買履歴を参考にお勧めを行う（キャンペーンや新商品など）	15	既存客へのフォローに時間がかかり、新規のリサーチ・営業にかける時間がない
	HP 問い合わせ対応	・要望に対して回答・提案を行い、直接訪問の日程調整をする ・問い合わせが入った当日になるべく対応するように努める	10	顧客との日程が合わず訪問予定日が延びてしまう
	直接問い合わせ対応	・要望を聞いたうえで直接訪問の日程調整をする ・お客様が何を求めているか明確に把握するように努める	10	顧客の分布エリアが広く、効率が悪い
	見込客訪問	・初回見積もり訪問後、保留になっている顧客への再アプローチ	10	100%のフォローを目指す。留守宅の再日程組みも必ず行う
	新規客獲得活動	・担当エリアの顧客層・ニーズなどの分析 ・既存客・お得意様への紹介依頼	5	他の業務が優先となり、分析などの作業時間が確保できていない
	契約	・見積もりを提示し、必ず書面にて契約を行う	20	契約内容詳細に関して時間をかけて説明する
	その他顧客対応	・クレーム対応・解約その他	5	解約率を下げるために、納品後のアフターフォローも今後しっかり行う
営業会議	営業会議参加	・毎週月曜日に進捗状況の報告 ・月に一度月次会議で月の売上報告	5	数字報告だけになっているので、細かい活動報告が必要
事務	資料作成	・見積書（提案書）の作成	10	提出が遅れることがある事務処理に時間がかかる
	日報作成	・毎日の活動内容を記入し、上司に提出 ・日報の内容を振り返り、自身の業務に関する見直しをする	10	100%提出できていない

リーダーには別メニューで意識づけを強化する

部下たちを評価するリーダーには別メニューで説明会を設ける必要があります。これはリーダーとしての意識づけと研修・教育の場という意味があります。経営計画発表会終了後に開くといいでしょう。

ここまでリーダーたちに力を注がなければいけないのには、理由があります。それは社員一人ひとりを直接指導していくリーダーの意識と関わり方によって、プロジェクトの成否が大きく変わってくるからです。このことをリーダーにしっかり伝えます。

とくに「人事評価制度＝人材育成の仕組み」であるということを理解してもらう必要があります。先にも述べたとおり、中小企業のリーダーの多くが人を育てるという意識に欠けている、もしくは手がつけられていない状態だからです。

「プロジェクトを成功させるには、リーダーが部下をうまく育てられるかどうかにかかっている」「人材育成が成功しなければ、会社の未来はない」。このように彼らに期待する思いを社長が自ら語り、奮起できるようメッセージが伝わると理想的です。

いかにリーダーたちを巻き込んでいくかがプロジェクトの成功のカギとなります。経営者とリーダーが思いを共有し、今後のプロジェクト推進力を高めていきましょう。

プロジェクトを成功に導くポイント

●人事評価制度改革　成功のポイント

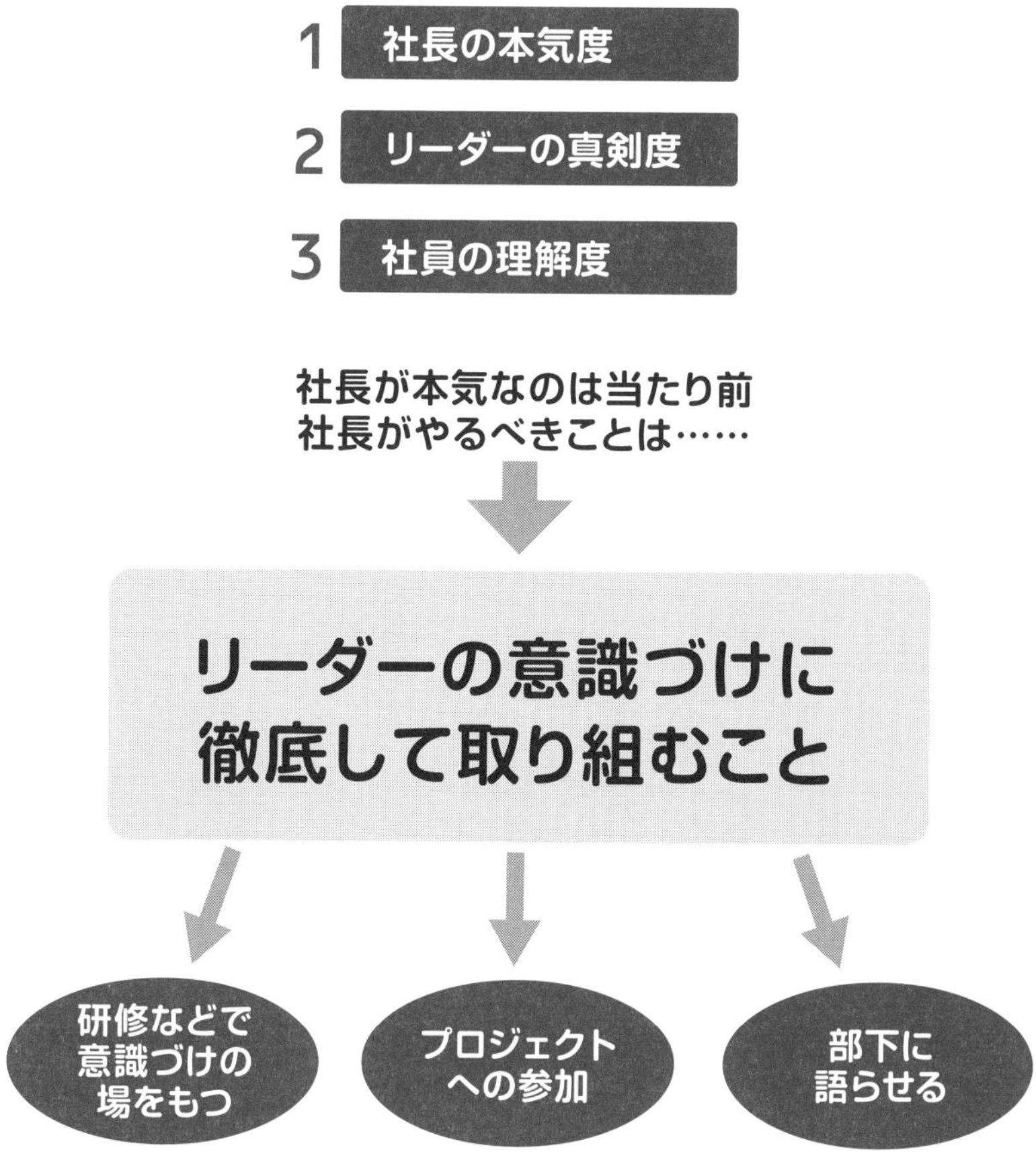
1
社長の本気度
2
リーダーの真剣度
3
社員の理解度
社長が本気なのは当たり前
社長がやるべきことは……
リーダーの意識づけに
徹底して取り組むこと
研修などで
意識づけの
場をもつ
プロジェクト
への参加
部下に
語らせる

POINT

リーダーがうまく人を育てられるかどうかで、
プロジェクトの成否＝会社の未来が決まる

STEP2

02 「グレード」と「仕事レベル」を明確にする

3つのステージをいくつかのステップに分類する

では、ここから本格的に「評価基準づくり」に入っていきたいと思います。

評価基準は134・135ページで業績項目、136・137ページでプロセス項目のサンプルを掲載していますので、全体を見て大まかなイメージをつかんでください。

まず、評価基準の内容を具体的に作成する前に、評価基準のフレームに必要な「グレード・レベル・イメージ」（132・133ページ参照）を作成します。プロセス項目（136・137ページ）の横軸に設定するグレードの段階数とレベルを「グレード・レベル・イメージ」で明確にするのです。

まずは、「グレード」の段階数とレベルを明確にします。

たとえば、会社に新入社員がいたとして、彼らはどのような段階を踏んでいくと、主任、係長、課長へとステップアップしていくのでしょうか。**グレードの数は、あなたの会社の育成ステップの数**です。

グレードの数をいきなり決めるのは難しいと思いますので、次の３つのステージごとにグレードの数を考えてみましょう。

①S（スタッフ）ステージ……役職がない社員
②L（リーダー）ステージ……主任・係長クラス
③M（マネジメント）ステージ……課長・部長以上の管理職クラス

次は各ステージに「何段階の育成ステップ」が必要なのかを考えます。

たとえば「Sステージ」であれば、新卒新入社員から「Lステージ」となって役職がつくまでに何段階のステップが必要か。管理職になる前のリーダーステージでは、主任相当・係長相当という2つのステップが必要なのか、主任相当の１つのステップのみでよいのかという要領で、自社にマッチした階段の数を決めます。「これまで育成のステップなんて考えたことがないので、わからない」という会社はまずは、１３２・１３３ページの事例と同じ7段階に設定してみてください。

一般的には、社員数50人以下であれば、7段階で十分対応できます。50人超の場合は7～9段階の間で自社に適した段階数にしましょう。次のステップの評価基準を作成していくなかで、グレードごとに求める仕事内容を具体的に考えていきますから、違和感が出てきた時点で変更してもよいのです。

≫グレードごとに必要な仕事レベルを考える

グレードの段階数が決まったら、次はグレードごとに「求められる仕事のレベル」を決めます。

7段階のグレードを設ける場合の基本的な考え方・ポイントをお伝えしておきます。

S1は、【入社間もない新入社員レベル】なので、ほとんどの仕事で上司や先輩の指導やアドバイスが必要なレベル。

S2は、【ひと通りの仕事は覚えた】、部署で担当する基本的な仕事については一人でできるレベル。

S3は、【中堅社員】としてイレギュラーな対応や課題の解決、改善提案ができ後輩へのアドバイスができるレベル。

L1になると、【リーダー】として、部署の目標達成に向けてSグレード社員への指導やアドバイスができるレベル。

L2グレードは【リーダーシップ】を発揮できる、チームやグループをまとめられるレベル。

M1であれば【マネージャー】として一部署をマネジメントできるレベル。

M2は【部門長】として部門のマネジメントと経営推進へ携われるレベル。

このように**成長のステップを考えながら、大まかな仕事のレベルがイメージできるように作成**します。

専門的能力を活かすスペシャリスト・ステージ

また、社員50名以上の会社に関しては「SP（スペシャリスト）ステージ」を設けたほうがよい場合もあります。SPステージとは、部署や部門のマネジメントをやらずに、ある専門分野の能力で会社に貢献していくことで、グレードをステップアップしていけるステージです。

営業系では、高い実績を上げることで会社に貢献する人を活かし、営業力を高める必要がある場合。建設業であれば、関連技術を集中的に高めることが会社の成長に必要な場合。製造業やIT業界、制作・デザイン会社などで、組織全体の技術力や品質底上げのために技術を磨いてもらい、新しいサービスを導入してもらう場合などです。SPステージの人は、部門全体の統括やマネジメントはやらなくても、専門ノウハウや技術的な指導には深く関わってもらいます。

一般的には、S1〜S3グレードまでは通常通りステップアップしていき、次にL1にいくのではなく、SP1→SP2→SP3とステップアップしていきます。

ただし、**現状該当する人がいない場合や、どのような役割、目標をもたせていくのかが明確になっていない場合は、SPステージを設けるのはやめておきましょう。**単に部下指導が苦手で、勤続年数の長い人を、貢献度が見合っていないのに待遇をよくしてしまうことにつながりかねないからです。

	求められる仕事レベル
	◆経営理念を部門全体へ、落とし込むことができる。 ◆会社および部門方針・部門目標の立案、浸透、落とし込みと推進ができる。 ◆部門の業務進捗状況の把握・指導・管理ができる。 ◆将来のビジョンを構築し、環境変化に対応できる。 ◆顧客の信頼を獲得、業務の拡大を推進できる。 ◆部門の問題・課題を早期発見し、対策・解決を行い、部門の業務の質を向上できる。
	◆部署の戦略・アクションプランの立案ができる。 ◆部署のアクションプランの実行推進、進捗管理ができる。 ◆部署予算の把握、目標達成への指導ができる。 ◆部署の部下育成指導ができる。 ◆担当部署において問題等の対処、改善、業務の質を向上できる。 ◆担当部署のコスト管理ができる。 ◆コンプライアンスの把握・指導・徹底ができる。
	◆部署の目標達成に向けて、的確にメンバーの指導とプロセス管理ができる。 ◆部署のアクションプラン立案、実行推進、進捗管理が任せられる。 ◆部署メンバー全員の計画的育成を任せられる。 ◆部署の課題を発見し、解決、改善できる。
	◆グループの目標達成に向けて、的確にメンバーの指導とプロセス管理ができる。 ◆グループの課題を発見し、リーダーの支援を受けながら解決、改善できる。
	◆基本業務については、ルールを守って正確に実行し、安心して任せることができる。 ◆担当業務の課題を発見し、改善に向けた具体策が提案ができる。 ◆後輩へ積極的にアドバイスしようとしている。
	◆基本業務については独力でこなすことができる。 ◆自ら考えて課題を発見し、上司の支援を受けながら改善、解決できる。 ◆困難な例外事項は、上司・先輩のサポートを受けながら処理できる。
	◆指示を受け、確認を行いながら基本業務を進めることができる。 ◆上司の支援を定期的に受けながら一人前を目指す。

■求められる仕事レベル
それぞれのグレードに求められる総括的な仕事の内容とレベルをわかりやすく表現

◉グレード・レベル・イメージ事例

ステージ	グレード	役職	総括イメージ	
マネジメントステージ	M2	部長	部門の統括責任者	
	M1	課長	部署の統括責任者	
リーダーステージ	L2	係長	グループ業務統括	
	L1	主任	担当グループ指導者	
スタッフステージ	S3	一般社員	後輩へのアドバイザー	
	S2		担当業務が一人前	
	S1		指示業務の実行	

■ステージ
社内の職位としての「マネジメント」「リーダー」「スタッフ」それぞれのステージに分類

■役職
役職を表示。グレードとリンクした形態が理想

■総括イメージ
各グレードの仕事レベルをひと言で表現

	B	C	D	E	判断基準
	95%以上 105%未満	85%以上 95%未満	75%以上 85%未満		目標に対する達成率 （実績 ÷ 目標 ×100)
	95%以上 105%未満	85%以上 95%未満	75%以上 85%未満		目標に対する達成率 （実績 ÷ 目標 ×100)
	95%以上 105%未満	85%以上 95%未満	75%以上 85%未満	75%以上	目標に対する達成率 （実績 ÷ 目標 ×100)
	95%以上 105%未満	85%以上 95%未満	75%以上 85%未満	75%以上	目標に対する達成率 （実績 ÷ 目標 ×100)
	95%以上 105%未満	85%以上 95%未満		%以上	目標に対する達成率 （実績 ÷ 目標 ×100)
	95%以上 105%未満	85%以上 95%未満	75%以上 85%未満	75%以上	目標に対する達成率 （実績 ÷ 目標 ×100)
	95%以上 105%未満	85%以上 95%未満	75%以上 85%未満	75%以上	目標に対する達成率 （実績 ÷ 目標 ×100)
	95%以上 105%未満	85%以上 95%未満	75%以上 85%未満	75%以上	目標に対する達成率 （実績 ÷ 目標 ×100)
	95%以上 105%未満	85%以上 95%未満	75%以上 85%未満	75%以上	目標に対する達成率 （実績 ÷ 目標 ×100)
	15%以上 19%未満	11%以上 15%未満	7%以上 11%未満	7%以上	契約率 （契約件数 ÷ 初回面談数）

■評価判断指標
業績評価では「ＳＳ～Ｅ」の７段階（一部除く）で判断する場合が多い。
業績数値は細かく判断の段階を設けても評価にブレは生じないため

■評価判断レンジ（幅）
目標に対する達成率、あるいは実績値そのものによって判断する

◉評価基準（業績目標）事例　【営業の場合】

評価項目			SS	S	A
全社目標	業績結果項目	売上高	125%以上	115%以上	105%以上
				125%未満	115%未満
		経常利益		115%以上	105%以上
				125%未満	115%未満
部署目標		売上高	125%以上	115%以上	105%以上
					115%未満
		営業利益			105%以上
					115%未満
		契約件数	125%以上	115%以上	105%以上
				125%未満	115%未満
個人目標	業績結果項目	契約件数	125%以上	115%以上	105%以上
				125%未満	115%未満
		売上高	125%以上	115%以上	105%以上
				125%未満	115%未満
	業績プロセス項目	DM・ハガキ件数	125%以上	115%以上	105%以上
				125%未満	115%未満
		総面談件数	125%以上	115%以上	105%以上
				125%未満	115%未満
		成約率	27%以上	23%以上	19%以上
				27%未満	23%未満

■各評価項目の列
ひと言でわかりやすい表現に

■目標
「全社」あるいは「部署」の業績も個人の評価に反映する点がポイント。グレードに応じて配分比率を考える（評価ウェイト配分表参照）

※本事例はスペースの関係で各評価項目の代表項目を抜粋して掲載しています

■グレード
左から右に上位グレードとなるよう配置。
右に行くほど仕事の内容もレベルアップしていく

■役職
役職を表示。グレードとリンクした形態が理想
役職とグレードをリンクさせない場合は、別途役職者用評価基準が必要

係長	課長
L2	M1
①理念を理解し、その目的や考え方について事例をあげながら説明、指導することで、部下の行動を改善できていた。	①理念を浸透させるための具体的な取り組みを行い、部署全員のベクトルを理念・ビジョンに向けて導くことができていた。
①目標達成へのプロセスを戦略的に立案し、必要な対策・修正を行いながら、計画的に取り組むことができていた。 ②部下の目標達成への支援を行うことができていた。	①担当部署全体の目標を立案、自ら必要な対策・修正を行いながら、計画的に取り組むことができていた。 ②部下の目標達成への支援を行い、達成させることができていた。
①担当顧客のランクアップ目標・戦略を明確に描き、コミュニケーションルールとともに実践することでランクアップを実現できていた。 ②顧客育成の成功事例を共有できていた。	①部署全体の顧客管理・育成の実践状況を把握し、改善、指導を行うことでランクアップ目標を達成できていた。 ②顧客コミュニケーションルールの効果を検証し、より成果を高める仕組みへ改善できていた。
①顧客の要望を聞きだし、分析・検証を行ったうえで、解決できる企画提案が行えていた。 ②企画提案の手法やプロセスについて、部下に対してアドバイスを行っていた。	①担当部署全体の顧客の要望を集約、加工、分析し、企画提案を実行、推進することで、受注増につなげることができていた。 ②担当部署全体の提案レベル向上に向けて、部下指導や対策を行い、レベルアップを図ることができていた。
①あらゆる媒体、機会から情報を入手し、営業活動で活用することができていた。	①経営判断に活用できる質の高い情報を入手、加工し、上司に報告できていた。
①部署全体にも目を向け、課題を発見、分析し、改善点、問題点を明確化したうえで、改善の提案を行うことができていた。	①部署全体の課題を発見、分析し、問題点を明確化したうえで改善に取り組むことで、効率化、または、質の向上を図ることができていた。
【必要知識・技術・資格一覧】別途 138・139 ページ参照	
①部下の業務状況を把握し、適切な指導・アドバイスができていた。	①部署の部下全員の育成プランを明確にし、計画的に指導、育成を行うことで成長に結びつけていた。
①会社と現場双方の考え方、意見を把握し、目標達成に向けチームワークが最大限発揮できるよう調整、対応しながら行動できていた。	①担当部署のコミュニケーションを活性化させる仕組みや対策を実践していた。 ②会社全体の目標達成に向けて、担当部署の利害中心ではなく、全体最適でものごとを考え、判断、行動できていた。
①自分の実力よりも高いレベルの業務にチャレンジできていた。	①部下が高い目標や新しい技術にチャレンジできるよう目標設定を行い、達成のための支援、アドバイスができていた。

◉評価基準（プロセス項目）事例

役職		一般職	
グレード		S1	S2
成果目標	経営理念の理解と実践	①経営理念を暗唱できていた。 ■各評価項目の列 一言でわかりやすい表現に	①経営理念を理解し、行動理念にそって行動できていた。
	目標に対する取り組み	①上司の指導のもと、目標達成に向けて計画的に取り組むことができていた。	①目標達成に向けて自らプロセスを明確にし、計画的に取り組むことができていた。 ■評価基準内容 この内容にもとづいて、判断基準どおりに「A，B，C」の判断を行う（183ページ参照）
	顧客管理・育成	①顧客情報の入力方法、報告の手順を理解し、顧客リストの作成、更新ができていた。	①顧客管理の仕組みを理解し、手順通りに情報の収集、報告、活用ができていた。 ②担当顧客のランクを把握し、コミュニケーションルールを決められたとおりに実践できていた。
	企画提案	①上司の指示どおりに、企画提案に必要な顧客情報を収集することができていた。 ■評価項目分類 プロセス評価を評価基準内容によって、「成果」「能力」「情意」にカテゴリー分け	①顧客の要望を聞き出し、解決に向けた企画提案を行うことができていた。 ■評価基準内容の表現方法 文末は過去形で！求められる仕事を実際やったかどうかが判断しやすい。「〜できる」という表現のものをよく見受けるが、実際にやっていなくても、できるかどうかで判断してしまう場合が多い
能力目標	情報収集力	①あらゆる媒体、機会から情報を入手し、上司に報告できていた。 【あらゆる媒体・機会：新聞、業界紙、関連情報誌、地元紙、インターネット、取引先、テレビ、ラジオ、顧客対応時など】 【情報：業界関連情報、市場、競合他社、経済環境、新製品情報、新規仕入先情報、相場情報など】	
	業務改善	①問題意識をもって自ら課題を発見し、問題点を明確化したうえで改善の提案を行うことができていた。	
	必要知識・技術・資格	■必要知識・技術・資格 別紙の「必要知識・技術・資格一覧」にもとづいて評価を実施	【必要知識・技術・資格一覧】 別途 138・139 ページ参照
	部下育成指導		
情意目標	チームワーク	①自分のことだけではなく、周囲にも気を配り、協力的な姿勢で仕事に取り組めていた。	
	積極性	①新しいことや不慣れな業務に自らチャレンジできていた。	

※本事例はスペースの関係で各評価項目の代表項目を抜粋して掲載しています

◉必要知識・技術・資格一覧事例　《製造部の場合》

グレード	役職	最低限必要な知識	最低限必要な資格	有することが望ましい資格
M2	部長	・部門の損益に関する知識 貸借対照表（BS）が読める ・関係する法律の知識 環境関連の法 労働関連の法 ・競合他社に関する知識		
M1	課長	・損益計算書（PL）が読める知識 ・装置別の損益に関する知識 ・コストダウン手法の知識 ・BCP に関する知識 ・メンタルヘルスに関する知識 ・労災防止に関する知識	幹部社員研修 管理者研修	防火管理者 計量士 電気主任技術者
L1	主任	・装置別月次収支表の理解 ・品質実行計画書（部署別）の推進 ・部署内全業務の把握 ・生産計画書・初品検討書作成 ・見積作成	内部監査員	専門技術特級技能士 簿記検定資格
S4	一般	・装置別生産能力の把握 ・設備および種類に関する基礎知識 ・売上表作成の知識 ・システム登録および改定の基礎知識 ・生産計画書入力・初品検討書発行 ・見積発行		内部監査員 専門１級技能士
S3		・部品の材料・素材に関する知識 ・QMS、EMS の理解 ・加工指示書発行 ・売上金明細表作成 ・単価変更知識		Excel表計算処理技能認定試験2級 Word文書処理技能認定試験2級 専門2級技能士
S2		・不適合品処置報告書の作成（異常品の受入） ・素材要求知識 ・物品購入の発注知識 ・請求書照合 ・納品書単価チェック		フォークリフト
S1		・ビジネスマナー ・パソコン操作(Word Excel e-mail 等) ・主要取引先・業者の把握 ・安全教育(社内教育) ・バーコード票・外注先注文書発行 ・生産・販売管理システムの基礎知識 ・納品伝票・請求書発行 ・部品受入・搬送・出荷 ・棚卸し知識	普通自動車免許	Excel表計算処理技能認定試験2級 Word文書処理技能認定試験2級

◉必要知識・技術・資格一覧事例　《営業部の場合》

グレード	役職	最低限必要な知識	最低限必要な資格	有することが望ましい資格
M1	課長	・会社、事業部門の損益の把握 （売上・粗利・経費） ・組織マネジメント ・財務管理		
L2	係長	・所属ブロックの損益の把握 （売上・利益・経費） ・財務会計の基礎 ・組織論の基礎		
L1	主任	・店舗の損益管理 （売上・利益・経費） ・店舗入金管理 ・予算書の作成ができる ・店舗の損益分岐把握 ・面接・採用方法の把握	販売管理者資格	セールススキル検定１級 MOS
S3	一般	・各種利益の理解 ・業界トレンド動向の把握 ・新人指導・教育手順の理解		ビジネス実務法務検定試験３級 セールススキル検定１級
S2	一般	・競合他社情報 ・商品ごとの セールスポイント説明		セールススキル検定３級
S1	一般	・自社の経営理念 ・OA 知識（Word・Excel） ・契約書に関する知識 ・商品知識 (取扱い商品・価格) ・営業マナー	運転免許証	ビジネス実務法務検定試験３級

■有することが望ましい資格
もっていれば「A」評価。
なくてもマイナス評価とはならない

■最低限必要な資格
グレードに必要な資格を明記。
評価方法は「知識」と同様

■最低限必要な知識
記載された知識をすべて満たしていれば「B」評価。
上位グレードの知識まで満たしていれば「A」評価

STEP2

03 「評価項目」を作成する

4つの視点で「経営計画」を実践する「評価基準」を作成する

では、いよいよ前項で作成したグレードに応じて、「評価項目」を作成していきましょう。

「評価基準」は、「経営計画」を全社員に実行してもらいながら「10年後の人材像」に向けて成長してもらうための行動基準です。そのため、経営計画の要素を落とし込んだものとしなければなりません。

これを具現化できる評価基準とするために、評価項目は次の4つの区分で作成します。

1 業績目標
2 成果目標
3 能力目標
4 情意目標

まずそれぞれの項目の内容と、経営計画のどの要素から落とし込むかを理解してください。また、4つの区分の名称は、社員の成長目標という意味合いを込めて「〜目標」という表現とします。

1 業績目標 （146〜149ページ参照）

数値で表すことができ、その結果によって評価できるもの。

経営計画の数値目標、「10カ年事業計画」から達成に必要な重要な指標を落とし込みます。

たとえば、「売上」や「粗利益」、「経常利益」などがこれにあたります。各部門や個人の業績項目が達成できていれば、会社全体の事業計画も達成できているという状態になるよう項目を定めていきます。

また、こうした結果指標を達成するためのプロセスの中で、数値で表せるものは業績項目として評価します。「訪問件数」や「改善提案件数」、「不良率」などです。

2 成果目標 （150〜153ページ参照）

業績を上げるために各部門で必要な役割、仕事。

経営計画上の目標を達成するには、戦略を確実に実行する必要があるので主に戦略から各部門、グレードレベルに応じて項目と内容を作成します。

たとえば、営業職の場合は、「顧客管理」や「営業活動」、総務職であれば「採用活動」や「人材教育」といった項目がここにあたります。

3 能力目標（154～155、138～139ページ参照）

成果目標で求められる内容を確実に実行し、業績目標を達成できる人材となるために必要な能力、知識、資格など。

経営計画からは主に「10年後の人材像」や「ギャップを埋めるために必要な課題」から落とし込みます。「報告・連絡・相談」や「スケジュール管理」などは多くの会社で能力項目として定めます。

また、各部署や職種に対して独自に求められる知識や技術、資格などは別紙で「必要知識・技術・資格一覧」（138～139ページ）としてまとめます。

4 情意目標（156～159ページ参照）

仕事を進めるうえで、正しい姿勢や考え方を明確にしたもの。

たとえば、「成長意欲」や「チームワーク」などの項目です。経営計画で社員に求める仕事に対する考え方は行動理念です。よって、社員が行動理念にそって行動できていたかを判断できるよう項目と内容を定めます。

こうして、4つの視点で評価項目を区分し、それぞれの役割をわかりやすく示すことで、会社が求める将来の人材像に向けて効果的に人材育成を進めることができる「評価基準」となるのです。運用上も、評価結果からどこが不足しているかが明確にわかり、具体的な対策が打てるようになります。

「評価基準」4つの区分に「経営計画」を連動させる

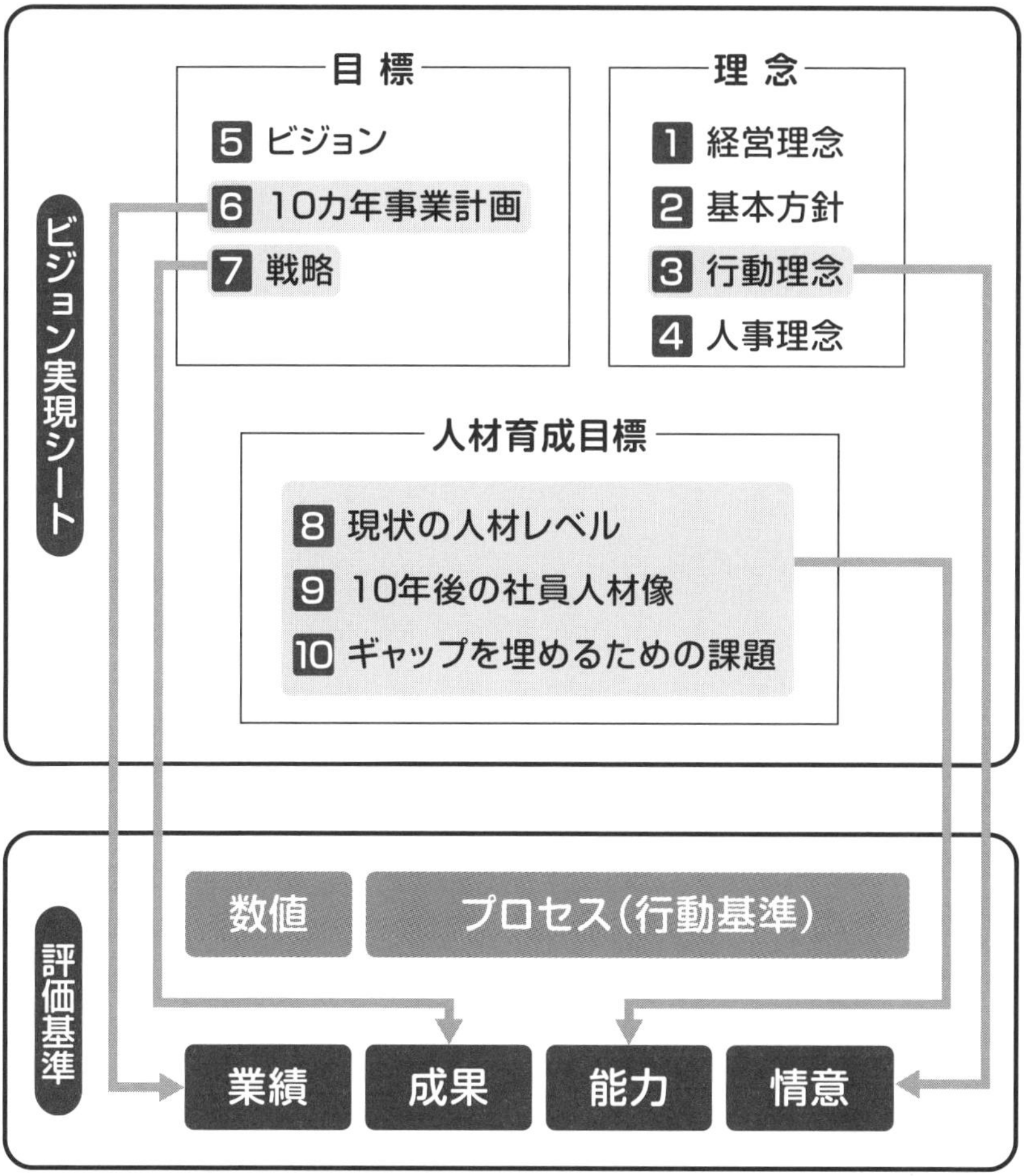

POINT

「経営計画」を実行しながら成果を出せる理想の人材を育てる「評価基準」とすることができき

社員を動かす評価基準にするには？

評価基準づくりで気をつけたいのが、「いかに行動に結びつけるか」です。

たとえば評価基準の内容は、文末を過去形にすると行動に結びつきやすくなります。求められる仕事を実際にやったかどうかが判断基準となるからです。

次の2つを比較するとわかりやすいかもしれません。

A・上司の指示に基づいて行動できていた

B・上司の指示に基づいて行動できる

Aだと、「行動できていた」かどうかで判断されることを明確に示すことができます。

一方、Bだと、「行動できる」と表現してしまうことで、実際に「行動していなくても」行動できるかどうかで判断してしまいます。

表現を変えるだけで解釈は大きく変わり、被評価者の行動や評価者（リーダー）の判断の基準に大きく影響してしまいます。細かいようですが、**成果は大きく異なってきますので、評価基準の表現は細部にまで気を配って作成してください。**

正確に伝わる表現なのかを確認する

社員が評価基準の内容を見たときに、
「行動に結びつくか」という視点で考える

A 上司の指示に基づいて行動できていた

「行動できていた」かどうかを事実と照らし合わして判断できる

↓

適正な評価ができるため、行動の改善ができる

○

B 上司の指示に基づいて行動できる

実際に「行動していなくても」行動が可能かどうかで判断してしまう

↓

適正な評価ができず、行動の改善に結びつかない

×

POINT

文末を過去形にするだけで、判断にブレが少なくなる

STEP2

04

「業績目標」で数値目標を明確にする

社員全員に全社や部署の業績への貢献度も意識させる

4つの区分のイメージは理解していただけたでしょうか。

では、ここからはそれぞれの区分ごとに作成上、重要なポイントについて説明をしていきます。このポイントを外してしまうと、会社が求める人材を育成できなくなってしまうので、きちんと理解しながら読み進めてください。

まずは「業績目標」です。

業績目標には「全社目標」「部署目標」「個人目標」があります。

これは、社員全員の評価結果に、全社および部署の業績が影響するということを示しています。もちろん上位グレードになるにつれてその影響度は大きく、一般職レベルでは小さくしますが、こうすることで**全社員に部署や会社の結果にも関心をもってもらうことができる**のです。

「業績プロセス項目」でリーダーの指導力を向上させる

次に**業績目標は「業績結果項目」と「業績プロセス項目」に区分**されています。

「業績結果項目」は、営業職でいえば、営業として求められる業績の数値結果です。「売上高」「粗利益額」「契約件数」などがあります。

一方、「業績プロセス項目」とは、営業活動中の数値で測れる行動を指します。「DMやハガキの件数」「訪問件数」「顧客からのアンケート点数」などです。

項目の定め方ですが、業績結果項目は「10カ年事業計画」から考えます。

部署目標の合計値が全社目標となるわけですが、この数値が「10カ年事業計画」の今期目標を上回っていなければなりません。また売上内訳などから今期力を入れる業績数値を部署目標や個人目標に設定します。

たとえば、会社の事業計画を達成するために顧客数を増やす必要がある場合は、「新規開拓件数」を個人目標に設定し、項目のウェイト配分（詳細は後述）を大きくすることで重要度を示していきます。

業績プロセス目標は、社長や幹部だけで決めるのではなく、優秀な結果を残す営業マン、生産性が最も高い部署のリーダーなどと一緒に考えます。業績結果を残すプロセスを彼らに語ってもらい、これを参考にして、会社としてのベストプロセスを導き出します。そこから数値に落とせるものを業績プロセス項目とするのです。

こうして社員一人ひとりの業績プロセスを評価の対象とすることで、今まで見えなかった改善点が明確になってきます。たとえば、業績結果が出ない社員も、訪問の件数が少ないからなのか、提案の回数が足りないのか、決定率が悪いのか、その原因がはっきりしてくるのです。

こう考えれば、「結果」と同じくらいに「プロセス」が重要であることがおわかりだと思います。

これまでは結果数値のみを評価項目としている会社がほとんどでした。

とくに、中小企業における営業現場の指導では、「とにかく結果を出してこい」といった放任主義的な指導も多かったのですが、業績プロセス項目をはっきりすることで社員一人ひとりの課題が明確になり、的確な指導ができるようになります。

こうして**本人の成長はもちろんのこと、リーダーの指導力向上という成果を得られる**のです。

業績評価は結果とプロセスの両方を評価する

営業職の業績結果項目　営業として求められる数値結果

（例）
・売上高
・粗利益率
・契約件数
・新規獲得件数
・経常利益
・営業利益
・上棟数　etc

＋

営業職の業績プロセス項目　営業活動中の数値で測れる行動

（例）
・訪問件数
・提案件数
・成約率
・リピート率
・アポイント件数
・DM・はがき件数
・紹介訪問面談件数
・イベント集客数　etc

＝

・理想のプロセスを共有
・一人ひとりの課題の明確化
・リーダーの指導力

POINT

結果とプロセスを評価することで、リーダーも部下も成長する

05

業績を達成するための「成果目標」を定める

2つの視点を盛り込んだ成果目標で組織の成長を推進する

次に「成果目標」を作成していきます。この項目は2つの視点から考えます。

いちばん重要なのが、**経営計画の戦略の実践に結びつく行動を定める**ということ。もう一つが**会社の成長にとって重要であるにもかかわらず、なかなか手がつけられていない課題**です。

まず、戦略の評価項目への落とし込み方をご説明しましょう。たとえば、90ページでご紹介した「顧客管理の仕組みづくり」を徹底するという戦略を経営計画に盛り込んだとします。この会社の営業職の成果目標としては、「顧客管理の徹底」という項目を定め、「必要な顧客情報を収集し、ルールにそって入力、報告するとともに営業活動に活用できていた」と営業マンに求める内容を明記します。

こうして評価項目を作成しておくと、評価を実施するたびに全社員の戦略実践状況を確認、検証、改善できることになります。その結果、**組織全体の戦略実行レベルと成果を高めることができる**のです。

成果目標で戦略を具体的な行動レベルに落とす

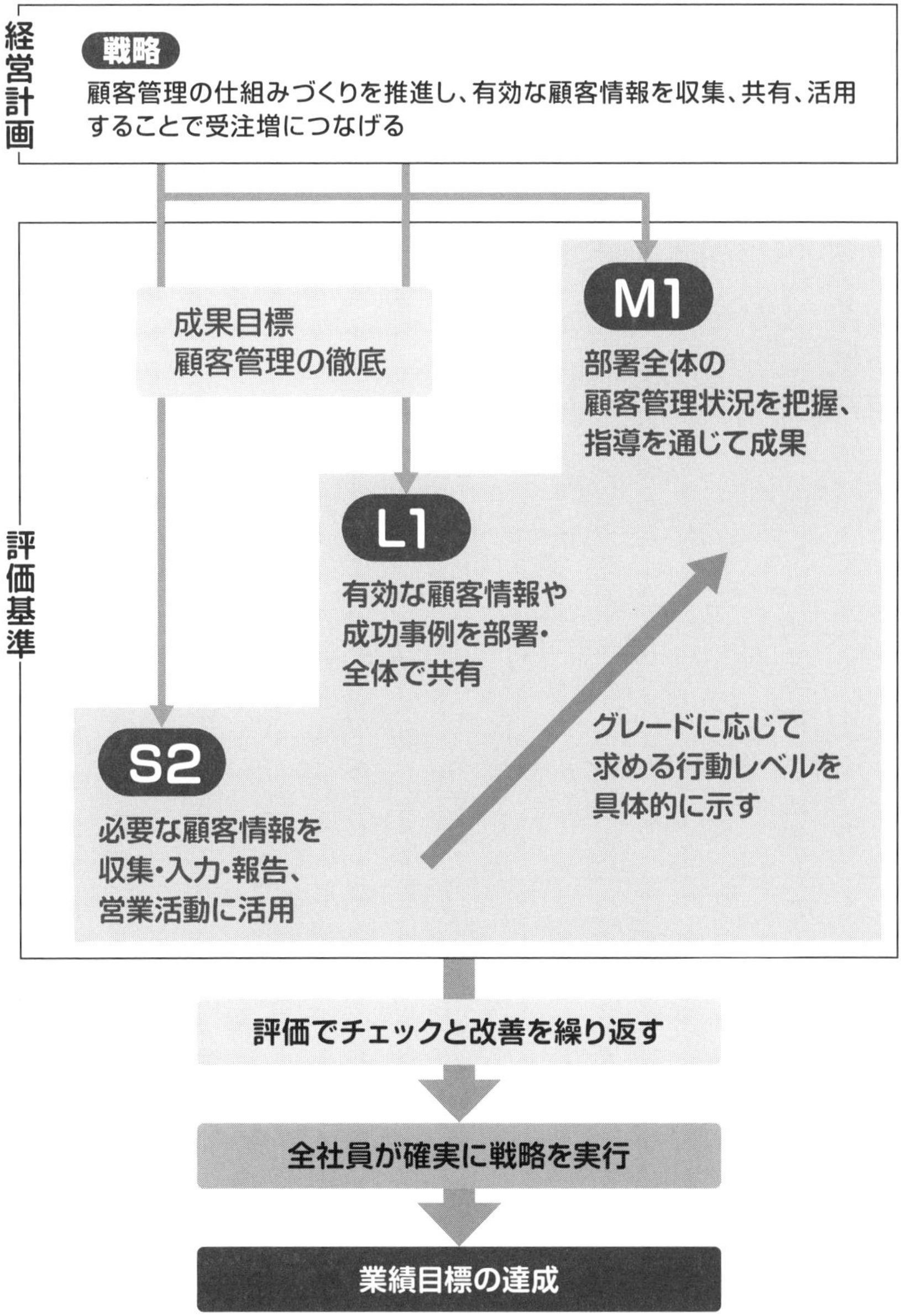
経営計画
戦略
顧客管理の仕組みづくりを推進し、有効な顧客情報を収集、共有、活用することで受注増につなげる
評価基準
成果目標
顧客管理の徹底
M1
部署全体の
顧客管理状況を把握、
指導を通じて成果
L1
有効な顧客情報や
成功事例を部署・
全体で共有
S2
必要な顧客情報を
収集・入力・報告、
営業活動に活用
グレードに応じて
求める行動レベルを
具体的に示す
評価でチェックと改善を繰り返す
全社員が確実に戦略を実行
業績目標の達成

手がつけられていなかった重要課題を解決できる

「成果目標」を盛り込むときには、必ず「経営理念の理解と実践」という項目を一番目にもってきます。これがプロジェクトの目的であり、本来目指すべき組織の発展にも大きく関係するからです。ほとんどの中小企業が課題に掲げていることですが、なかなか取り組めていないのが実状です。

136・137ページの評価基準の事例にもあるように、S1グレードの「経営理念を完全に暗唱できていた」というレベルから、S2グレードの「実践できる」レベルになり、M1グレードでは「自部門へ浸透させるための取り組み」とレベルアップした内容を求めていきます。

これにそって繰り返し評価していくことで、徐々に経営理念や基本方針が浸透し始め、それらがなぜ会社に必要なのかという理解度も高まっていきます。

ほかの項目も同じです。たとえば、「企画提案」の項目はやるべきだと誰もがわかっていても、日々の業務に忙殺されてできていないことが少なくありません。しかし、これを評価基準の項目にすることで、評価のたびに何件提案できたのか、質はどうだったのかを確認していきますから、確実に企画提案について考える機会が増え、レベルも上がっていくのです。

将来の会社の発展にとって「重要度は高いが、緊急性の低い課題」、これを成果項目で求めていくことで本当に強い組織が実現できるのです。

重要度は高いが手をつけられていなかった経営課題が解決

	緊急	緊急ではない
重要	・クレーム対応 ・対外的に締切直前の業務	・経営理念の浸透実践 ・戦略立案実行・管理 ・新商品の開発
重要ではない	・意味のないメール対応 ・突然の来訪 ・多くの報告書 ・無意味な接待	・暇つぶし ・世間話 ・だらだら電話

成果項目として設定

全社員が意識・取り組み

経営課題の解決!

POINT

**将来の成長に必要だが
手つかずだった課題を評価基準に落とし込む**

STEP2

06 役割を実行するために必要な「能力目標」を定める

結果を出す基礎体力を養う「能力目標」

「能力目標」では、業績項目を達成し、成果項目を実行するために必要な能力・スキルを明示します。たとえば、「スケジュール管理力」「情報収集力」「報告・連絡・相談」「知識・資格」「人材育成力」などがあります。経営計画では主に「ギャップを埋めるために必要な課題」で明確化したものです。成果項目で定めた「顧客管理の徹底」も問題点や課題を報告・相談したり、スケジュールを管理しながら営業活動ができなければ成果にはつながりません。

ただ「能力」という言葉に惑わされてほしくないのですが、「能力目標」だからといって、能力をもち合わせていればＯＫというわけではありません。評価基準の事例を見ればわかるように、この「能力項目」も文末は過去形の表現となっています。

つまり、「能力」があるだけではダメで、**その能力を仕事上で実践してはじめて評価の対象**となるのです。「スケジュール管理」ができるから「B」評価とするのではなく、「スケジュールの管理を具体的に推進し、漏れや遅れ、ミスなどがない管理ができた」として、「B」評価とします。

あくまでも「ビジョン実現型人事評価制度」の評価は実践型と理解しておきましょう。

ただし、一項目だけ能力を有しているだけでOK、とする項目があります。それが、「必要知識・技術・資格一覧」（138・139ページ参照）の項目です。

それぞれのグレードに求められる知識や技術、あるいは資格などを明記して、別紙で体系的にまとめます。これを社員に示すことで、新入社員でも将来的にどのような知識や技術を身につける必要があるのかがひと目でわかり、自己啓発も行いやすくなります。

とくに、多岐にわたる技術の習得が求められる専門性の高い職種はこの「必要知識・技術」を詳細に定めます。たとえば、飲食店厨房スタッフ、自動車やバイクの整備技術職、接骨院や鍼灸院スタッフ、医師、看護師、歯科衛生士などです。また、彼らのなかには職人としてのプライドが高い人も多いため、ほかの職種にくらべて高い評価ウェイトをこの項目に与え、認めてあげるということも重要な場合もあります。

ただし、繰り返しますが、技術や技能をもっていればOKとする項目ですので、バランスを考えながら**この項目が高得点だったら総合評価も高いという結果にならないように注意**しましょう。

STEP2

07 経営理念の実現に欠かせない「情意目標」を定める

社員としての最低限の資格が問われる評価項目

「情意目標」は経営計画の行動理念と直結した項目です。仕事に対する姿勢、考え方を評価します。「積極性」「責任感」「チームワーク」「成長意欲」など会社の理念を実現するため、社員全員に実践してほしい行動を定めます。

自社の社員としての資格を問う部分でもあります。それゆえ**全社員が真っ先にクリアしなければならない、重要度が高い項目**です。

考え方を評価するといっても、実際は仕事のなかでの行動レベルに落とし込んで評価します。たとえば、「積極性」のある行動とは、「新しいことや経験のない仕事に自主的に取り組んでいた」を評価の対象とすると決めます。こうしておけば、具体的に新しい仕事に取り組んだかどうかで評価できるので、明確な判断ができるのです。

社員としての資格を問うのが情意目標

情意目標

仕事に対する姿勢や考え方

（例）
- 積極性
- 責任感
- チームワーク
- コンプライアンス
- 成長意欲　etc

- 全社員が必ずクリアすべき重要度の高い項目
- 最低「B」評価が取れないと社員失格

POINT

評価基準の内容は丸暗記するくらいの意識で読み合わせなどを実践

理念に必要な人間的成長を支える情意項目

私たちはクライアントとプロジェクトに関わるうえで、人材育成のテーマとして必ず「人間的な成長」を掲げます。

人間的に成長するためには、「情意項目」は必要不可欠な評価項目です。

これまでの人事評価制度は「業績項目」、それも「業績結果項目」に重点を置いた考え方が多く採用されてきました。成果主義に代表されるこの制度は弊害が大きく、組織を疲弊させ、日本の特に中小企業にはマッチしませんでした。

「結果を出す奴が偉い」という制度の考え方が、「結果さえ出せばプロセスや考え方は問わない」という風土を組織でつくってしまっていたのです。**これからの時代、この情意項目がとても重要な評価項目**だということがおわかりいただけると思います。

ここまでで4つの区分について解説してきました。いずれも人材を成長させて、会社の経営目標を達成するためのものです。項目ができあがったら、目指すべき人材像に向かって課題をクリアしながら、目標を達成できる組織づくりに貢献する人材が次々と育っている姿をイメージしてみましょう。

人間力を情意項目で養う

目指すべき人材像・行動理念・人事理念から落とし込む

目指すべき人材像

- 仕事に熱意をもって臨み、自身の責任を果たす人材
- 高い感度のアンテナで情報収集を行い、仕事に活かせる人材
- 物事をプラスに捉え、積極的に課題解決にチャレンジできる人材
- 感謝の気持ちをもち、思いやりを言葉と行動で示せる人材

行動理念

- 謙虚かつ誠実に対応することで、顧客との信頼関係を築きます
- 価値を生み出すための技術とサービスにこだわります
- 本音で前向きに、社員同士向き合います
- 自己投資を継続し、人間力を高め、社会と会社に貢献します

人事理念

顧客と地域に愛され、
会社の幸せを実践する

↓

情意項目

- 感謝
- 地域貢献
- 思いやり
- 積極性（情熱）
- 責任感

POINT

情意評価は「人」づくりそのもの

STEP2

08 項目ごとの重要度を「ウェイト配分表」で明示する

グレードごとに評価ウェイトを考える

評価基準ができたら、今度は**評価項目ごとに点数配分を決めなければいけません。**評価結果は最終的に、点数化して判断をするからです。

まずは「業績項目」「成果項目」「能力項目」「情意項目」の4つからそれぞれのウェイト配分を考えます。

基本的に、業績項目のウェイトは、下位グレードが小さく、上位グレードになるほど大きくします。なぜなら上位グレードのほうが、数値責任を求められるからです。管理職から半分のウェイトとするのが一般的です。

一方で、能力・情意項目のウェイトは、上位グレードが小さく、下位グレードになるほど大きくします。これは下位グレードの社員に重要な仕事に対する考え方・姿勢を身につけてもらいたいからであり、勉強に励んでもらって能力を身につけてほしいからです。

また、「評価ウェイト配分」はグレードだけではなく、部署や職種によっても差をつけます。たとえば、営業的な性格が強い部署（例・営業部）は業績項目のウェイトを大きくします。反対に、事務的な性格が強い部署（総務・経理・管理部署）は業績項目を小さくします。

部署ごとにウェイトを分配した「総合ウェイト配分表」の例を163ページに掲載しましたので、参考にしてください。

仕事の重要度で評価ウェイトの配分を見直す

次に、仕事の重要度別に各評価項目に点数を配分します。「総合ウェイト配分表」を参考にしながら決めてみましょう。社員の成長度合い、求められる仕事レベルに応じて、重要度を考えながら項目ごとにウェイトを振っていきます。

そのうえで、**会社が戦略的に重視する項目に大きくウェイトを振っていきます。**

たとえば、新入社員がいちばん初めに教わる「報告・連絡・相談」。これは下位グレードに早く覚えてもらいたい仕事のため、下位グレードのウェイトを大きくします。

同じように、「部下の指導育成」は上位グレードの重要な役割です。したがってこれは上位グレードのウェイトを大きくします。会社として強化していきたい部分にも同じ考え方ができます。

たとえば、製造業で、商品に対する改善案を社員に強く求めたい場合は、「改善提案」のウェイトを高くするといいでしょう。

あるいは、飲食業・サービス業で、クレーム対応に関するサービスの質を向上させたい場合は、「クレーム対応」のウェイトを大きくすると改善が見込めます。

会社の戦略を変えるときにも評価ウェイトを変更させることで、柔軟に対応ができます。

なお、「ウェイト配分表」の作成は、時間がかかる作業です。評価の合計点が合わないときは何度も微調整が求められます。

そのためエクセルで計算式を挿入した表を作成するなど、作成側の負担が減るように工夫をするのがオススメです。手作業では丸一日費やすこともあるので、根気よくやってみてください。

＊＊＊

ここまでの作業で評価基準づくりは終了です。

多少根気がいる作業ではありますが、ここで明確な評価基準ができれば、次は運用です。

もし評価結果を出すことより、**育成を最優先したい場合は、08のウェイト配分表の作成をとばして運用に入っていただいてもかまいません。**

ではＳＴＥＰ３でいよいよ理想の人材を育成する「評価制度の運用」を推進していきましょう。

◉「総合ウェイト配分表」の例

基本的にすべて「B」評価だった場合の中心点数で総合ウェイト配分表を作成

■業績項目
上位グレードほど業績責任が大きいので、ウェイト配分を大きくする。また、営業的性格の強い部署ほど重視、大きなウェイトに

■成果項目
業績に直結する成果項目も上位職ほど配分を大きくする。営業部門は業績を優先するため、上位職のほうが小さくなることも

営業部						
	S1	S2	S3	L1	L2	M1
業績	15	20	25	30	40	50
成果	20	25	30	30	30	25
能力	30	25	20	20	20	15
情意	35	30	25	20	10	10
合計	100	100	100	100	100	100

■能力項目
下位グレードのウェイトを大きくする。上位グレードはもっていて当たり前という考え

■情意項目
下位グレードほどウェイトを置いて評価する。
理念につながる基本的な考え方、姿勢なので、どの部門も配分点数は統一する

企画開発部						
	S1	S2	S3	L1	L2	M1
業績	10	15	20	25	30	35
成果	25	30	35	35	40	40
能力	30	25	20	20	20	15
情意	35	30	25	20	10	10
合計	100	100	100	100	100	100

■総務系の業績項目
総務・経理・管理系の部門は、業績項目が少ないため、ウェイトも低くなる

総務部						
	S1	S2	S3	L1	L2	M1
業績	5	10	10	15	20	25
成果	30	35	40	40	45	45
能力	30	25	25	25	25	20
情意	35	30	25	20	10	10
合計	100	100	100	100	100	100

	L2							M1						
	SS	S	A	B	C	D	E	SS	S	A	B	C	D	E
	4.50	4.00												1.50
	4.50	4.00												3.00
	9.00	8.00	7.00	6.00	5.00	4.00	3.00	12.00	10.67	9.33	8.00	6.67	5.33	4.00
	18.00	16.00	14.00	12.00	10.00	8.00	6.00	27.00	24.00	21.00	18.00	15.00	12.00	9.00
	6.00	5.33	4.67	4.00	3.33	2.67	2.00	22.50	20.00	17.50	15.00	12.50	10.00	7.50
	9.00	8.00	7.00	6.00	5.00	4.00	3.00							
	9.00	8.00	7.00	6.00	5.00	4.00	3.00							
	60.00			40.00			20.00	75.00			50.00			25.00
			18.00	12.00	6.00					18.00	12.00	6.00		
			18.00	12.00	6.00					12.00	8.00	4.00		
			9.00	6.00	3.0						5.00	2.50		
			45.00	30.00	15.0						25.00	12.50		
			9.00	6.00	3.00					6.00	4.00	2.00		
			6.00	4.00	2.00					3.00	2.00	1.00		
			3.00	2.00	1.00					1.50	1.00	0.50		
			12.00	8.00	4.00					12.00	8.00	4.00		
			30.00	20.00	10.00					22.50	15.00	7.50		
			7.50	5.00	2.50					10.50	7.00	3.50		
			7.50	5.00	2.50					4.50	3.00	1.50		
			15.00	10.00	5.00					15.00	10.00	5.00		
			150.00	100.00	50.00					150.00	100.00	50.00		

■ウェイト配分の考え方
下位グレードは単純で取り組みやすい項目のウェイトを大きく、上位にいくにしたがって難易度が高く、スキルが必要な項目にウェイトを置く。会社の戦略や環境によりウェイトは変わる

■リーダー職の業績
L2 グレードも個人業績のウェイトよりも部署のウェイトを高くしている。
ただし、プレイングの要素が大きな会社では個人を高くする場合もある。組織の状況に応じて決める。

■マネジメント職の業績
マネジメントステージは個人の業績は評価対象にしないのが一般的。担当する部署や店舗全体の業績を大きく反映させる。全社のウェイトも上位職ほど大きくなる

■成果・能力・情意項目のウェイト配分
「B」評価を基準とし、「A」は「B」の点数の1.5 倍、「C」は 「B」 の 0.5 倍に

◉「評価ウェイト配分表（営業の場合）」の例

163ページの総合ウェイト配分表【営業部】と比較しながらご覧ください

評価要素				S2						
				SS	S	A	B	C	D	E
業績目標	全社目標		売上高	1.50	1.33	0.57	1.00	0.83	0.67	0.50
業績目標	全社目標		経常利益	3.00	2.67	2.33	2.00	1.57	1.33	1.00
業績目標	部署目標	業績結果項目	売上高	1.50	1.33	1.17	1.00	2.57	0.67	0.50
業績目標	部署目標	業績結果項目	営業利益	3.00						
業績目標	部署目標	業績結果項目	契約件数	1.50						
業績目標	個人目標	業績結果項目	契約件数	4.50						
業績目標	個人目標	業績結果項目	個人売上高（1棟当たり売上）	4.50	4.00	3.50	3.00	2.50	2.00	1.50
業績目標	個人目標	業績プロセス項目	DM件数（お礼ハガキ含む）	1.50	1.33	1.17	1.00	0.83	0.67	0.50
業績目標	個人目標	業績プロセス項目	総面談件数	3.00	2.67	2.33	2.00	1.67	1.33	1.00
業績目標	個人目標	業績プロセス項目	契約率	6.00	5.33	4.67	4.00	3.33	2.67	2.00
業績目標			業績目標　ウェイト小計	30.00			20.00			10.00
成果目標			経営理念の理解と実践			15.00	10.00	5.00		
成果目標			目標に対する取り組み			15.00	10.00	5.00		
成果目標			企画提案			7.50	5.00	2.50		
成果目標			成果目標　ウェイト小計			37.50	25.00	12.50		
能力目標			情報収集力			7.50	5.00	2.50		
能力目標			報告・連絡・相談			15.00	10.00	5.00		
能力目標			必要知識・技術・資格			15.00	10.00	5.00		
能力目標			部下育成指導							
能力目標			能力目標　ウェイト小計			37.50	25.00	12.50		
情意目標			チームワーク			25.50	17.00	8.50		
情意目標			積極性			19.50	13.00	6.50		
情意目標			情意目標　ウェイト小計			45.00	30.00	15.00		
			ウェイト合計			150.00	100.00	50.00		

■業績項目のウェイト配分
各項目の「B」評価のウェイト配分から作成する。「B 評価」を基準とし、「SS」は「B」の点数の 1.5 倍、「E」は 0.5 倍にする

■小計、合計の考え方
各グレードの「B」評価の小計、合計が、先につくった『総合ウェイト配分表』の点数と一致する

※本事例はスペースの関係で各評価項目の代表項目を抜粋して掲載しています

STEP 3

「ビジョン実現型人事評価制度」を運用する

STEP3

00

「ビジョン実現型人事評価制度」の運用とは、2つの仕組みで3つのPDCAをまわすこと

»「人事評価制度」は「経営計画」を達成するための仕組みの一つ

ＳＴＥＰ１で、あなたの会社が目指す将来の姿を具現化した経営計画「ビジョン実現シート」、ＳＴＥＰ２で、これを落とし込んだ「評価制度」について、構築の手順をわかりやすく解説してきました。

ＳＴＥＰ３では、これらの運用を成功させるために必要な考え方や注意点をお伝えしたうえで、全国の中小企業５００社以上を通じて確立した、〝失敗しない〟運用の手順を具体的に解説します。この手順にそって型どおりに進めていただくことで、あなたの会社の人材と組織の成長が実現できます。

ではここで、もう一度、「ＳＴＥＰの前に 01」（24ページ）であなたと共有した「ビジョン実現型人事評価制度」の「目的」と「成果」を確認しておきましょう。

目的は、「会社の生産性を上げ、みんなが豊かになる」ということ。そして、成果は、「ビジョン実現

シート」に掲げた「10年後の人材像」へ向かって社員全員が成長しながら経営計画を達成できる組織となることでした。

これを実現するためには、2つの仕組みが手順どおりに運用され、〝3つのPDCA〟がまわっている状態にすることが必要です。

Ⅰ　アクションプラン

Ⅱ　評価制度

この2つの仕組みの運用を通じて、次の3つのPDCAをまわします。

ⅰ　アクションプランのPDCA

ⅱ　評価制度のPDCA

ⅲ　個人アクションプランのPDCA

「ビジョン実現型人事評価制度」は、これからお話しする手順にそって「評価制度5つの運用プロセス」と「アクションプラン」を運用すれば、3つのPDCAが自然とまわるように設計されています。171ページの図「『ビジョン実現型人事評価制度』実践フロー」でこの関係性を確認してください。

すなわち、**「人事評価制度」は「経営計画（「ビジョン実現シート」）」を達成するための一つの仕組み**という位置づけなのです。まずは、ここをしっかり理解していただくことが成果への第一歩です。社長はもちろん、幹部、リーダーと共有したうえで運用に取りかかってください。

ここまで読み進めていただいた方の中には、「人事評価制度」を構築するために本書を購入したという社長やリーダーも多いことでしょう。こうした方々の中には、STEP2で評価制度の構築についてページを割いて説明してきたため、STEP1のビジョン実現シートを作成したのは何のためだったのかを忘れかけてしまう方もいらっしゃいます。

その結果、評価制度や賃金制度の運用を優先したり、経営計画も評価制度の設計のためにつくったものと勘違いし、その運用までは行きつかないということが起こってしまいがちです。もちろん、これでは先ほど再確認した「ビジョン実現型人事評価制度」の成果を得ることはできません。

しつこいようですが、もう一度お伝えしておきます。

人事評価制度のみの設計と運用で、「公平な評価」や「社員の納得度向上」、「社員のモチベーションアップ」、「賃金の決定」などを目的に導入してしまうと、必ず失敗に終わってしまいます。あくまでも、目的は「会社の生産性を上げ、みんなが豊かになる」こと、人事評価制度はその手段です。

まず、STEP3では〝人事評価制度導入3つの失敗パターン〟をご紹介します。これらの事例は、私が駆け出しのコンサルタント時代に複数のクライアントで実際に起こった実体験をパターン化し、まとめたものです。いずれも失敗の原因は、手段である人事評価制度が目的となってしまったことでした。

あなたには絶対にこうした経験をしてほしくないのです。なぜなら、人事評価制度の導入を失敗すると、それまでにかけた時間とお金と労力が無駄になるばかりか、優秀な人材が辞めてしまうなど、**組織の崩壊を招きかねない事態となる場合もある**からです。

◉「ビジョン実現型人事評価制度」実践フロー

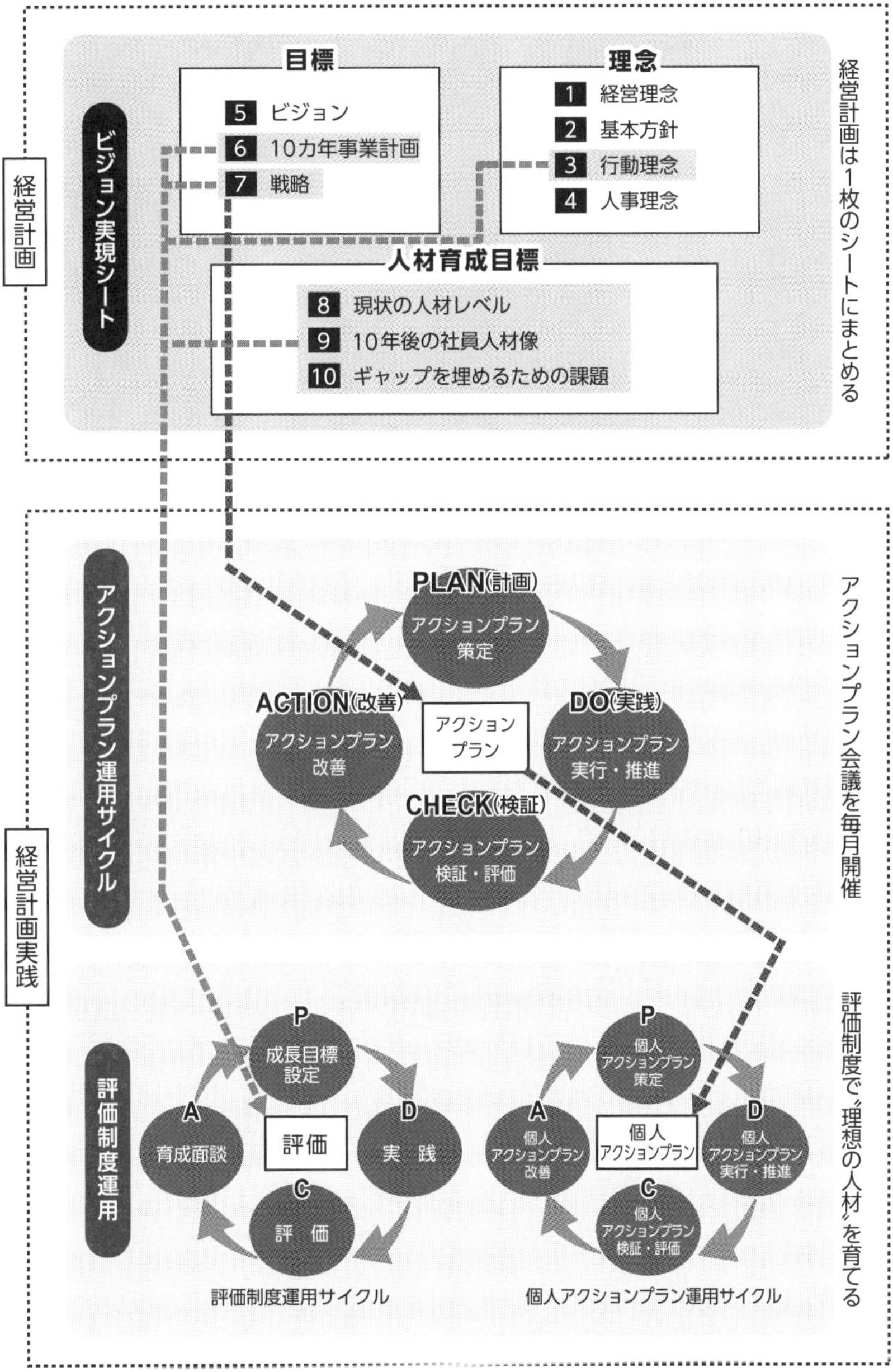

STEP3

01 なぜ中小企業では「人事評価制度」が失敗に終わるのか？

設計と運用の重要度は1対9

まず、覚悟してください。

「不満が出ない人事評価制度改革はない」と。

不満が出るのは、当たり前、その不満や要望に屈せずに最後までやり遂げるという覚悟をもって、人事評価制度の導入に踏み切っていただきたいのです。せっかく社員のためを思って経営計画や人事評価制度を構築したのに、社員に向けて説明したとたん、「文句と後ろ向き発言の嵐」……。

本当によくある話なのです。これに屈して導入を断念してしまう、あるいは中途半端な運用しかできていない中小企業が多いのです。こうなってしまっては、これまでのお金と時間と労力が水の泡。

「ビジョン実現型人事評価制度」を運用する

STEP1 「ビジョン実現シート」を作成する

STEP2 「評価制度」をつくる

STEP3 「ビジョン実現型人事評価制度」を運用する

運用時の失敗パターンを事前に学ぶ

↓

評価制度「5つの運用プロセス」を理解する

↓

「トライアル評価」で「5つの運用プロセス」を3回まわしてみる

↓

「納得度アンケート」で社員の納得度を計測、改善に取り組む

↓

「アクションプラン」の運用で経営計画を実践する

↓

**ビジョン実現型人事評価制度で
人材が育ち、組織が成長する**

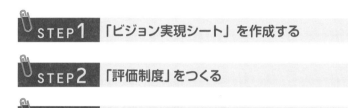

人事評価制度を運用できていたのは0%!?

会社を創業して3年ほど経過したころ、ある〝事件〟が起こりました。

当時はすでに人事評価制度の構築を支援したクライアントが20社前後あり、創業直後に支援した数社は、コンサルティングでのお付き合いが終了していました。そのなかのある社長とたまたま再会する機会があり、人事評価制度も成果につながっているだろうと確信していた私はこう尋ねてみました。

「人事評価制度も運用が進んで、社員さんたちも成長したでしょうね」

「いや～、それが……」

「どうしたんですか？」

「じつはまったく運用できてないんだよ、困ったことに」

私はまさかの事態に言葉を失いました。

中小企業が陥りがちな運用の失敗、3つのケース

この一件で不安になった私は、過去に支援したほかの4社にも運用ができているかどうか、成果につながっているかどうかを聞いてみました。

すると、4社**すべてで運用ができていないというショッキングな実態**が明らかになったのです。冒頭の1社も含めると5社が全滅です。危機感をもってその原因を調査してみると、3つの理由が浮かび上がってきました。

1 評価者（リーダー）の不満
2 社員の不満
3 評価結果や賃金制度が活用できない

おそらく、人事評価制度の運用でお悩みの中小企業のなかには、同じ状況に陥っているところもあるのではないでしょうか。「ビジョン実現型人事評価制度」で成果を出すには大きな障害となるため、ここからはもう少し詳しく、その内容と対処方法をお話ししましょう。

1 評価者（リーダー）の不満

174ページでご紹介した会社はこのケースでした。リーダーが忙しさを言い訳にしてきちんと取り組まないというケースです。

中小企業のリーダーは、ほぼ例外なくプレイングマネージャーです。個人の売上目標をもつと同時に、チームの売上達成に向けても日々取り組んでいます。そこに、部下たちを評価するという新たな仕事が加わるので、「ただでさえ忙しいのに評価なんてやってられない」「評価に時間を取られるぶん、数字は上げなくてもよいだろう」と不満の声が上がってくるのです。

これに屈して評価結果すら出せないまま人事評価制度が頓挫してしまうというケースはめずらしくありません。

こうした状況への対処法は、**「評価制度＝人材育成の仕組み」という意識づけをリーダーに徹底する**ことです。つまり、人材育成はリーダーの重要な役割であり、評価制度は自社で人材を育成するためになくてはならない仕組みであると、リーダーに理解してもらわなければなりません。

もし、「忙しくて評価なんてやっていられない」というリーダーがいたとすれば、それは評価制度を給与や賞与を決めるためのいちプロセスとしてしかとらえていません。「賞与は社長が決めるものだから、俺たちがそこに関わる必要はない」と判断しているのです。

これではリーダーが部下育成という重要な役割を放棄していることになります。

評価制度は会社のビジョン実現に欠かせない人材育成の仕組みだということを徹底して伝えるようにしてください。

中小企業が陥りがちな運用の失敗

1 評価者の不満

「ただでさえ忙しいのに評価なんてやってられない！」

「評価に時間をとるぶん、数字は上げなくてもよいのか！」

解決策

評価制度は、給与や賞与を決めるためのものではない！

評価制度は人材育成の仕組みであり、リーダーとしての重要な役割である、と伝える

2 社員の不満

「こんなのムダだ！」「こんな上司に評価されたくない！」

これまでくすぶっていた不満が一気に表面化した

解決策

組織がよい方向へ向かうためと前向きにとらえて、一つひとつ対処していく

3 評価結果・賃金制度の活用

評価結果に妥当性が得られない。

必要な原資が足りない。社員が結果に納得しない。

解決策

1～2回の運用で理想の評価結果、賞与額には一致しないと理解し、当面は改善や調整が当たり前と考える

1～3は運用時の壁として必ず出てくるもの。

表面化してきた課題や問題点には原因を明らかにして善処することが大事。

対策・改善案（「トライアル評価」200ページ）を効果的に使うようにする。

POINT

**課題や問題点は必ず起きるもの。

そのためにも対策・改善をきちんと行う**

2 社員の不満

人事評価制度を運用すると社員から、さまざまな不満の声が上がってきます。

「こんなことをやってもムダだ」
「こんな上司に評価されたくない」
「自分の評価がこんなに低いのはおかしい」
「アイツよりなぜ評価が低いんだ」

考え方をこう変えてください。

「水面下でくすぶっていた不満・課題が明確になったので、具体的に対策が打てる」
「このような不満を解消していくことが組織にとってプラスになる」
「今後自社の成長に必要なことなのだ」

このように視点を変えるだけで、「社員の不満＝問題・大変なこと」という認識から**「社員の不満＝会社の成長のために必要なありがたい声」**とプラスにとらえることができます。

焦らず余裕をもって一つひとつ対処していきましょう。

3 評価結果や賃金制度が活用できない

このケースも人事評価制度で挫折している会社によく見られます。

評価結果に妥当性が得られず、本人に結果を示せていない。評価結果を給与や賞与に反映してみたが、必要な原資が足りず、社長がこれまでどおりの決め方で給与を決めている。これらは評価制度のプロセス自体はまわしているが、面談や給与・賞与への反映はまったくできていないケースです。

たとえば、立派な評価基準を作成すれば、1回目の評価から全員が満足できるかというと、そうではない場合がほとんどです。会社の昇給原資にぴったりと合う評価を評価者たちに求めることも不可能でしょう。このように、社長が考える**理想の評価結果や昇給、賞与額に、1、2回の運用でぴったり一致させることはできません。**社長以外のリーダーに評価を任せているのだから当たり前です。

これらを解決し、評価や給与をルールに従って決めるためには、表面化してきた課題や問題点の原因を明確にして、一つひとつ対処していくしかありません。制度の改善が必要な場合もあるでしょうし、評価者の教育が必要な場合もあるでしょう。

人事評価制度の運用が失敗してしまう3つのパターンを、私の実体験をもとにお話しました。きっと同じような失敗を経験した、あるいは繰り返しているという方もいらっしゃることでしょう。「ビジョン実現型人事評価制度」ではこのような課題への対策をあらかじめ盛り込んでいます。まずは、次項以降で運用のプロセスを確認してください。その後「トライアル評価」など、運用を成功させるための仕組みを解説します。一つずつ確実に前へと進めていきましょう。

02

評価制度は「5つの運用プロセス」で理想の人材を育成する

評価制度運用の5つのプロセス

評価制度を運用するプロセスは次の5つです。

1 評価の実施

評価者（リーダー）が評価基準に基づき、被評価者（部下）ごとに「育成シート」を作成します。

2 育成会議

評価者同士のバラツキを調整し、部下育成のための指導ポイントを話し合い、育成の方向性を決めます。

3 育成面談

評価結果を本人に伝えて、リーダーとともに次の目標を明確にします。

4 目標設定

「チャレンジシート」を使って育成面談で決めた目標の達成レベルとプロセスを定めます。

成長を実現する評価制度「5つの運用プロセス」

プロセス 1（評価者（リーダー）） ※カッコ内は参加者

評価の実施 評価者（リーダー）が評価基準に基づき、被評価者（部下）ごとに評価結果を「育成シート」にまとめる

↓

プロセス 2（社長、評価者、コーディネーター）

育成会議 評価者同士の評価結果のバラツキを調整する

↓

プロセス 3（社長（評価者の上の上司）、評価者、被評価者（部下））

育成面談 評価結果を被評価者（部下）に伝えて、次の目標を明らかにする

↓

プロセス 4（評価者、被評価者）

目標設定 「チャレンジシート」を使い、育成面談で決めた目標の達成レベルとプロセスを定める

↓

プロセス 5（評価者、被評価者）

「チャレンジ面談」 評価者が被評価者の目標や役割の達成度を毎月チェック、チャレンジシートに記入する

（→ プロセス1へ戻る）

POINT

5つの運用プロセスがきちんと行われているかをチェックする

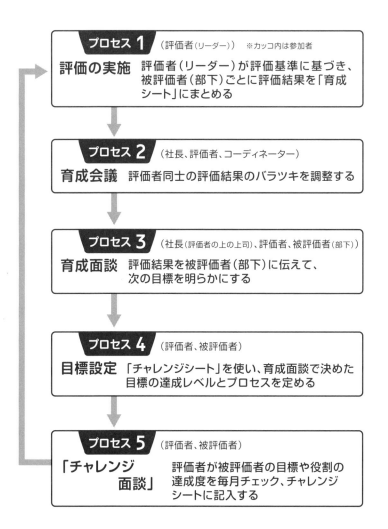

5「チャレンジ面談」

リーダーが部下の目標や役割の達成度を毎月の面談を通じて確認し、必要な指導を行います。

評価は三者で実施する

評価の実施には、3つの特徴があります。

1つ目は、**評価は三者で行う**こと。部下本人、直属の上司、その上の立場の上司です。上司2人で評価することによって評価結果に客観性をもたせることができます。また、部下に自己評価を行ってもらうことで自分自身の仕事レベルを適正に把握できる力を身につけてもらいます。

2つ目は、その**三者がそれぞれ個別に評価を実施する**こと。1枚の評価シートを使って評価した場合、どうしても部下の自己評価に上司が引っ張られたり、一次評価者の評価に二次評価者が影響されてしまいます。個別に評価することでそれを防ぐことができます。

3つ目は、**必ず判断理由を記入する**こと。

リーダーが根拠に基づいて評価するようになるため、部下の日常業務を観察するようになります。さらには、育成面談、目標設定と次以降のステップにもスムーズにつながっていくのです。

評価は「評価シート」という記入用紙に、三者が個別に行います。全員の評価が出そろったら、185ページにある「育成シート」の形式にまとめて、次のステップ「育成会議」の準備をします。

◉評価シート記入例　【営業部】

評価対象期間	20XX年1月1日〜3月末日

部署	営業部	グレード	S2	被評価者名	和田　豊	評価者名	（部長）小林幸雄

【 上司評価（○囲み） ・ 自己評価 】

	評価項目	判断理由・根拠	評価
成果目標	経営理念の理解と実践	①経営理念を暗唱できているとは思えない。	A・B・Ⓒ
成果目標	目標に対する取り組み	①×× 社からの相談依頼を報告せずに、長期間そのままにしていたため、競合から奪われ取引契約を失ってしまった。	A・B・Ⓒ
成果目標	企画提案	①顧客からは表面的なことしか聞き出せておらず、本当の悩み、要望を解決する提案は行えていない。	A・B・Ⓒ
能力目標	情報収集力	①情報誌やインターネット等から情報収集を行っており、月2，3回は朝礼やミーティングの場で情報提供していた。	A・Ⓑ・C
能力目標	報告・連絡・相談	①×× 社に対する競合先の状況報告が遅れ、取引がなくなった。即報告し、対応していれば防止できた。	A・B・Ⓒ
能力目標	必要知識・技術・資格	①S2 に必要な知識は十分有している。	A・Ⓑ・C
情意目標	チームワーク	①相手のことを考えながらコミュニケーションが取れている。	A・Ⓑ・C
情意目標	チームワーク	②まだまだ自分のことで精一杯で、部署やチームのことを意識した言動が行えるほどの余裕がない。	A・B・Ⓒ
情意目標	積極性	①新しいことへはチャレンジしているが、まだ通常行うべき業務の範疇。	A・Ⓑ・C

※本事例はスペースの関係で各評価項目の代表項目を抜粋して掲載しています

「育成会議」でベクトルを合わせる

「育成会議」とは、2人の上司によるすり合わせの場です。育成会議の目的は2つあります。

1　評価者同士の判断基準を統一する
2　被評価者の育成方針を共有する

上司2人が同じ部下の評価を行うと、必ず評価結果にバラツキが生じます。

これをそのままフィードバックすると、本人は高い評価をしてくれた上司に評価してほしいとか、評価が低かった上司に不満をもってしまうなどの弊害が出てきます。また、それぞれの上司が部下に異なる見解を伝えてしまうと、評価制度そのものの不信感にもつながります。こうならないためにも**「育成会議」では、評価に差異がある項目はすべてすり合わせをします。**

また、評価者のみに「育成会議」を任せるのではなく、間に入って調整役をする人も必要です。当社が支援する場合、当社スタッフがこのコーディネーター役を務めるのですが、自社で行う場合は社長か人事・総務の担当役員クラスが担当してください。

人選のポイントは、どんな評価者に対してもきちんと言うべきことが言える人物であることです。要するに、評価者の主張や圧力に負けてしまう人ではコーディネーターとして力不足ということ。各部門の「育成会議」に入り、部門間のバランスを取るのもコーディネーターの役割です。

◉育成シート作成例　【営業部】

■2次評価者
被評価者が所属する部門長

■1次評価者
直属の上司

■記入方法
「評価ウェイト配分表」の「S2」グレードの欄から、評価（A・B・C）に対応した点数を記入

部署					営業部					
グレード					S2					
氏名					和田豊					
評価対象期間					20XX年1月1日〜3月末					
評価者					小林部長		阿部課長		自己	
業績目標	全社目標		売上高		C	0.83	C	0.83	C	0.83
			経常利益		B	2.00	B	2.00	B	2.00
	部署目標	業績結果項目	売上高		B	1.00	B	1.00	B	1.00
			営業利益		A	2.33	A	2.33	A	2.33
			契約件数		C	0.83	C	0.83	C	0.83
		業績結果項目	契約件数		B	3.00	B	3.00	B	3.00
			売上高		SS	4.50	SS	4.50	SS	4.50
	個人目標	業績プロセス項目	DM・ハガキ件数		D	0.67	D	0.67	D	0.67
			総面談件数		B	2.00	B	2.00	B	2.00
			契約率		C	3.33	C	3.33	C	3.33
成果目標	経営理念の理解と実践			①	C	5.00	B	10.00	B	10.00
	目標に対する取り組み			①	C	5.00	A	15.00	B	10.00
	企画提案			①	C	2.50	B	5.00	C	2.50
能力目標	情報収集力			①	B	5.00	B	5.00	A	7.50
	報告・連絡・相談			①	C	5.00	A	15.00	B	10.00
	必要知識・技術・資格			①	B	10.00	B	10.00	B	10.00
	部下育成指導			①						
情意目標	チームワーク			①	B	8.50	B	8.50	B	8.50
				②	C	4.25	B	8.50	B	8.50
	積極性			①	B	13.00	A	19.50	B	13.00
合計					78.75		117.00		100.50	
評価点					97.88					
評価結果					B					

上司２人の平均点で評価を決定する

※本事例はスペースの関係で各評価項目の代表項目を抜粋して掲載しています

評価結果のすり合わせを行ってみる

それでは実際に、以下の配役で「育成会議」を再現してみましょう。

・被評価者：和田さん（若手営業マン）　・直属の上司：阿部課長
・その上の上司：小林部長　・コーディネーター：井口社長

＊　＊　＊

井口社長「それでは、和田君の『目標に対する取り組み』の項目について、部長はC評価、課長はA評価と結果に差があるが、それぞれ根拠を聞こうか」

阿部課長「和田さんは今期結果にこだわり、個人目標を達成したうえ、わが社の今後の主要取引先に育つ可能性がある○○社からの大型契約も取ってきました。だから、私はA評価が妥当だと思いました」

小林部長「たしかに○社からの大型受注は大きな仕事だったと思います。ですが、彼はその1カ月前に伝達ミスによって××社との年間契約を失ってしまいました。そのため『目標に対する取り組み』については、厳しめにC評価にしたほうが本人の成長につながるのではないかと判断しました」

◉評価結果一覧表作成例

（単位：点）

所属	氏名	グレード	役職	評価点数	評価	自己評価	井口社長	小林部長	阿部課長	山﨑課長	村上課長
営業部	小林幸雄	M2	部長	95.00	B	77.33	95.00				
	阿部健一	M1	課長	82.34	D	99.00	92.00	72.67			
	佐々木孝	L2	係長	100.50	B	84.67		94.00	107.00		
	山口　昇	L1	主任	90.50	C	89.00		87.00	94.00		
	佐藤　忍	S3		110.50	A	94.50		107.00	114.00		
	中村信也	S3		94.50	C	128.67		92.00	97.00		
	和田　豊	S2		97.88	B	100.50		78.75	117.00		
	白井　進	S2		79.00	D	94.00		84.00	74.00		
	山下泰弘	S2		112.17	A	121.83		108.33	116.00		
	中川雅之	S2		99.34	B	116.50		86.00	112.67		
	橋本由紀	S1		131.59	SS	92.00		137.67	125.50		
	谷口純一	S1		95.67	B	106.00		91.33	100.00		
企画開発部	山﨑博司	M1	課長	92.67	C	105.33	99.00	86.33			
	原田　徹	L1	主任	91.50	C	87.00	89.00			94.00	
	近藤健治	S2		107.34	A	95.00	105.00			109.67	
	山本久子	S2		101.75	B	102.83	104.00			99.50	
総務部	村上和也	M1	課長	92.34	C	86.25	89.00	95.67			
	大野美紀	S2		97.75	B	73.50	91.00				104.50
				100.14		97.44	95.50	93.90	105.72	101.06	104.50

■氏名
被評価者の
氏名を記入

■評価点数
上司２人の評価点の
平均点を記入

■評価
下の判断基準に基づき評価を決定。
この一覧の評価と評価点数は評価
決定会議で調整・変更する

■上司評価点数
育成会議前の状態の
ため、上司２人の評
価点数はバラバラと
なっている

判断基準

SS	S	A	B	C	D	E
125点以上	115点以上 125点未満	105点以上 115点未満	95点以上 105点未満	85点以上 95点未満	75点以上 85点未満	75点未満

井口社長「たしかに部長が言うように××社との年間契約がなくなってしまったのは大きな痛手だった。ただし、その損失をカバーするために○○社との契約を取ってきたのは、きちんと評価するべきだろう。この努力を評価せずにCとしてしまっては、本人のモチベーションにも悪影響が出るかもしれない。よって、和田君の『目標に対する取り組み』の項目は、B評価とし、彼には『報告・連絡・相談』の項目をC評価としてあらためてもらうように指導をしよう」

＊　＊　＊

いかがでしょうか。

この場合は、課長と部長の評価結果が修正され、部長が「目標に対する取り組み」で評価した××社の損失は、「報告・連絡・相談」の項目で反映し、本人の指導につなげていく育成方針が決まりました。

もちろん、この二項目だけで上司2人の判断基準がすべて一致するわけではありません。ですが、こうしたすり合わせを毎回行えば、徐々に評価のズレが修正され、正しい判断ができるようになるのです。

「ビジョン実現型人事評価制度」では、経営理念やビジョン、戦略をベースに評価基準を作成しています。そのため**「育成会議」は、会社が目指す方向性や考え方、指導方法をリーダー（評価者）と共有する役割をもっている**のです。

◉プロセス評価（成果・能力・情意目標）A，B，C 判断基準

評価	判断基準
A	該当グレードより 1つ上のグレード内容の仕事ができていた
	ほかの社員の模範となるような仕事ぶりであった
	指導できるレベル(評価項目内容に「指導・アドバイスしていた」等の表現がない場合)
B	該当するグレードの評価基準の内容が当たり前に標準的にできていた
	軽微なミスはあったが、その後の努力でカバーすることができていた
△B	該当項目の仕事を行っているかどうかが、未確認のため判断できない
C	評価基準の内容ができていなかった
	該当する仕事でミスや失敗があった

■「A」評価判断基準
どれか一つに該当すれば「A」評価とする

■「B」評価判断基準
評価基準の内容ができていて「B」評価とするのがポイント

明確な事実に基づいた判断根拠がない場合は、強引に判断せずに「B」に「△」を記入する

STEP3

03

「育成面談」は上司・部下のコミュニケーションの場

「育成面談」の目的は「成長目標」を明確にすること

評価制度を運用するなかで、とくに人材育成の重要なポイントとなるのが「育成面談」です。評価者が評価結果を部下に伝え、成長のための取り組みを本人と共有します。

一般的な面談は評価結果を伝えることに重点が置かれがちですが、ここでは、**「成長支援の場」として、次期の課題や目標を明確にすることに主眼を置きます**。育成が人事評価制度本来の目的だからです。

また、面談を通じて上司と部下とのコミュニケーションの場が定期的に確実に確保できるのは大きな効果です。このコミュニケーションの充実で、本人のやる気が上がり、成長につながる場合が多いのでしっかり取り組んでいきましょう。

慣れてくると簡単にすませたり、実施しなかったりという評価者が出てきてしまう場合もあります。面談終了後の報告をさせたり、チェックを行うなどの工夫をしながら徹底指導していくことも重要です。

「育成面談」でコミュニケーションを深める

育成面談 ＝評価結果だけを伝える場ではない

より重要なのは、

- **次期の課題や目標を明確にし、本人と上司で共有すること**
- **上司と部下が定期的にコミュニケーションの場をもつこと**

成長目標を具体的にできるかどうかが人材の成長につながるポイント

POINT

育成面談は「成長支援の場」として位置づける

≫「育成面談シート」で上司と部下の信頼関係を築く

評価者には育成面談を行う前に、必ず**「育成面談シート」**を作成してもらいます（194・195ページ参照）。これをきちんと**作成しておくことが、本人の納得度と成長に大きく影響してきます。**

このシートは実際の育成面談を進める手順で構成されています。評価者は、育成面談シートを作成しながら、頭のなかで育成面談の流れをシミュレーションしておきます。

まずは、直属の上司が「育成会議」の内容をもとに育成面談シートを作成し、その上の上司が内容を確認して面談を行います。面談の進行は、シートを作成した直属の上司に任せてください。

私は、クライアントの会社で育成面談のサポート役として同席することがあるのですが、シートの作成をお願いしても、きちんと作成してくる人と、まったく準備しない人が出てきます。

後者は、評価の根拠が曖昧だったり、成長目標が明確に示せなかったりと、納得が得られず指導が不十分なまま面談を終えることが多いです。

シートを見ながら面談をすると「部下の信頼をなくすのでは？」と心配する上司もいますが、それは逆です。シートをきちんと作成することで、部下は「自分のために時間をかけて考えてくれている」と上司への信頼を高めてくれます。部下が前向きに目標に取り組んでくれるかどうかが評価者の手腕にかかっています。しっかり評価者を指導しましょう。

「育成面談シート」の作成が部下との信頼関係をつくる

育成面談シートを作成している上司

- 面談ストーリーをあらかじめ描けている
- 部下は自分のために
  時間を使って準備してくれていると感謝
- 事前に課題と成長目標を明確にしている

→ **正しい目標設定と やる気を高める面談**

育成面談シートを作成していない上司

- 判断根拠を忘れている、あいまい
- 部下の質問にしどろもどろ
- その場で目標などを考える

→ **部下の不信感を募らせ やる気を低下させる面談**

POINT

育成面談は事前準備がカギとなる

6 評価に関する説明が終了したら、評価全体について質問がないか確認、本当に納得できているかどうかを見極める

7 次の四半期の個人行動目標
（「できている　⇒　さらにできるようにする」／「できていない　⇒　改善する」　等）

	評価	番号	内容
チャレンジ目標	企画提案	①	まだまだ顧客からの聞き出しが不足していて、新たな提案ができていなかったね。次の 3 カ月で最低 2 件の企画提案を担当先に提案することを目標にしてはどうだろう

評価結果を踏まえて、何から手をつけるべきかを明確にしたうえで、次期の目標を決める。

達成「レベル」と「期限」を明確に！

8 面談を締めくくるにあたり伝えたいこと　（やる気や意欲を上げるために、プラス面を告げて終了する。　／　例：「一緒にがんばっていこう！」等）

忙しい中で、通常の営業活動に加え「チャレンジ目標」の企画提案に取り組まないといけないから大変だろう。

私も、君が各目標を達成できるように支援していきたいと思っているので、一緒に達成に向けてがんばろう

9 メモ欄

育成面談シート
「育成面談＝成長支援の場」という考え方に基づいた面談をストーリーを作成するためのシート。

評価者が育成面談前に必ず作成し、これを見ながら「育成シート」を本人に渡して面談を実施する。

この「育成面談シート」を事前に作成することで、納得度が高まり、面談時間の効率化にもつながる。

評価を育成に結びつけるためには最低これだけのことを考え、伝える必要がある。

◉育成面談シート記載例

面談対象者に伝えるべきことについて、下記の項目に従って事前にまとめたうえで、のぞんでください。

1 導入時の話題つくり （世間話等）

まずは、場の雰囲気づくりのために軽い話題から入る （趣味、家族など）

先週の休みは家族旅行に行ったみたいだけど、
絶好の行楽日和だったね。どうだった？

2 面談の趣旨の伝達 【毎回、確実に伝えること】

なかなか浸透しないのでしつこいくらいに育成面談のたびに毎回伝える

この育成面談の場は、あくまでも **「成長支援の場」** であることを再認識してください。

3 四半期を振り返り全体的に良かった点、褒めたい点

まずは、話を受け入れる態勢になってもらうために、全体的によかった点、ほめたいところから伝える

・自分の目標達成も大変だったと思うが、そんな中、
よく後輩の橋本君のめんどうを見てくれたね。助かったよ。

4 評価項目の中で良かったもののうち、具体的に伝えたい点 （3 項目位）

評価	番号	内容
情報収集能力	①	顧客から得た情報や地域の出来事をよく報告してくれていたね。ただし、得た情報が活用できていて「A」評価となるので、今回は「B」評価としているよ。次は、どうやったら活かせる情報が取ってこれるかを考えながら行動してみよう

5 改善してもらいたい点、上司として気になった点（3 項目位） ／ 必ず部下の意見を引き出しながら、行うこと

評価	番号	
報告・連絡・相談	①	反省はしていると思うが、報告が遅れたために ×× 社との年間契約を失ってしまったね。もう一度「報告・連絡・相談」の重要性を再確認して、今度は成果に結びつけるようにしてほしい

評価項目から優先順位をつけて 3,4 項目に絞る

具体的な判断事実を伝え、納得性をもたせる。とくに、自己評価が高い項目は本人の判断理由も引き出し、コミュニケーションを取りながら対応する

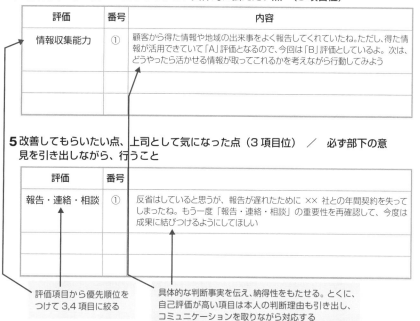

STEP3

04 「チャレンジシート」で成長目標の実行計画を練る

「チャレンジシート」で各自の成長イメージを具体的に描く

次は「チャレンジシート」を使って育成面談で決めた「成長目標」を具体的な実践計画に落とし込みます。これがチャレンジシートを通じて行う「目標設定」のプロセスです。チャレンジシート作成時のポイントは次の3つです。

(1) 将来のキャリアプランを明確にすること
(2) 目標を3つに絞ること
(3) 目標の達成レベルとそのプロセスを明確にすること

まず、将来の成長目標を明確にしてもらいます。具体的には本人の1年先、3年先に目標とするグレードと仕事レベルを設定します。これは、3カ月、半年先の短期的な目標に到達すればOKというものではなく、**将来どういう自分に成長するのかを意識しながら取り組んでもらう**ためです。

目標は3つに絞り込んで確実な取り組みを目指す

また、(2)では、**目標をあえて3つに絞ってもらいます。**

多くの目標を設定しすぎると、どれも中途半端に終わってしまうことが多いためです。被評価者（社員）自身の成長に効果的な目標を3つだけ選び、チャレンジシートにある「チャレンジ目標」の項目に設定します。

(3)では、目標のゴールとその手順を明確にします。

「到達レベル」でゴールを明らかにし、具体的にどうやって達成するのかを「推進手順」の欄に明確にします。「推進手順」はできるだけ一つひとつの手順を細かく決めて記入するのがポイントです。

「チャレンジシート」を作成することで、全社員の成長に向けた目標が3項目できて、そのプロセスがはっきりします。「たった3項目だけで大丈夫？」と不安に思う方もいらっしゃるかもしれませんが、社員数が30人の会社であれば、30人×3項＝90項目にチャレンジすることになります。さらに年4回評価をする場合、**年間で90項目×4回＝360項目の目標に社員がチャレンジすることになります。**

こうしてチャレンジシートを活用することで少しずつ、しかし、着実に社員の成長する組織が実現できるのです。

「個人アクションプラン」で会社の目標に貢献する役割を落とし込む

「チャレンジシート」にはもう一つ、全社が目標達成のために推進する戦略から個人に役割を落とし込みます。「個人アクションプラン」です。

会社のアクションプランの推進方法は、本章09（216ページ～）で解説しています。この会社のアクションプランから個人の役割に落とし込んで推進することで、確実な実行と成果に結びつけることができるのです。たとえば、「顧客管理の仕組みの確立」という戦略を推進している会社で、まず顧客情報を収集し、決められたフォームにデータを集約、活用しようというアクションプランを推進することを決めたとしましょう。ところがこれを営業マンに伝えるだけでは情報の収集さえ思うように進まないということが起こってしまいがちです。

そこで、次ページのチャレンジシート、「個人アクションプラン」にあるように、どういう手順でどこまでやるのかと、そのスケジュールを決めて実行し、次項で説明する「チャレンジ面談」で上司が毎月確認、アドバイスをしていくのです。

こうすることで、**全社員が会社の戦略に関わる役割を確実に実行することになり、目標達成度を高めることができる**のです。

個人アクションプランとチャレンジ目標で理想の人材を育てる

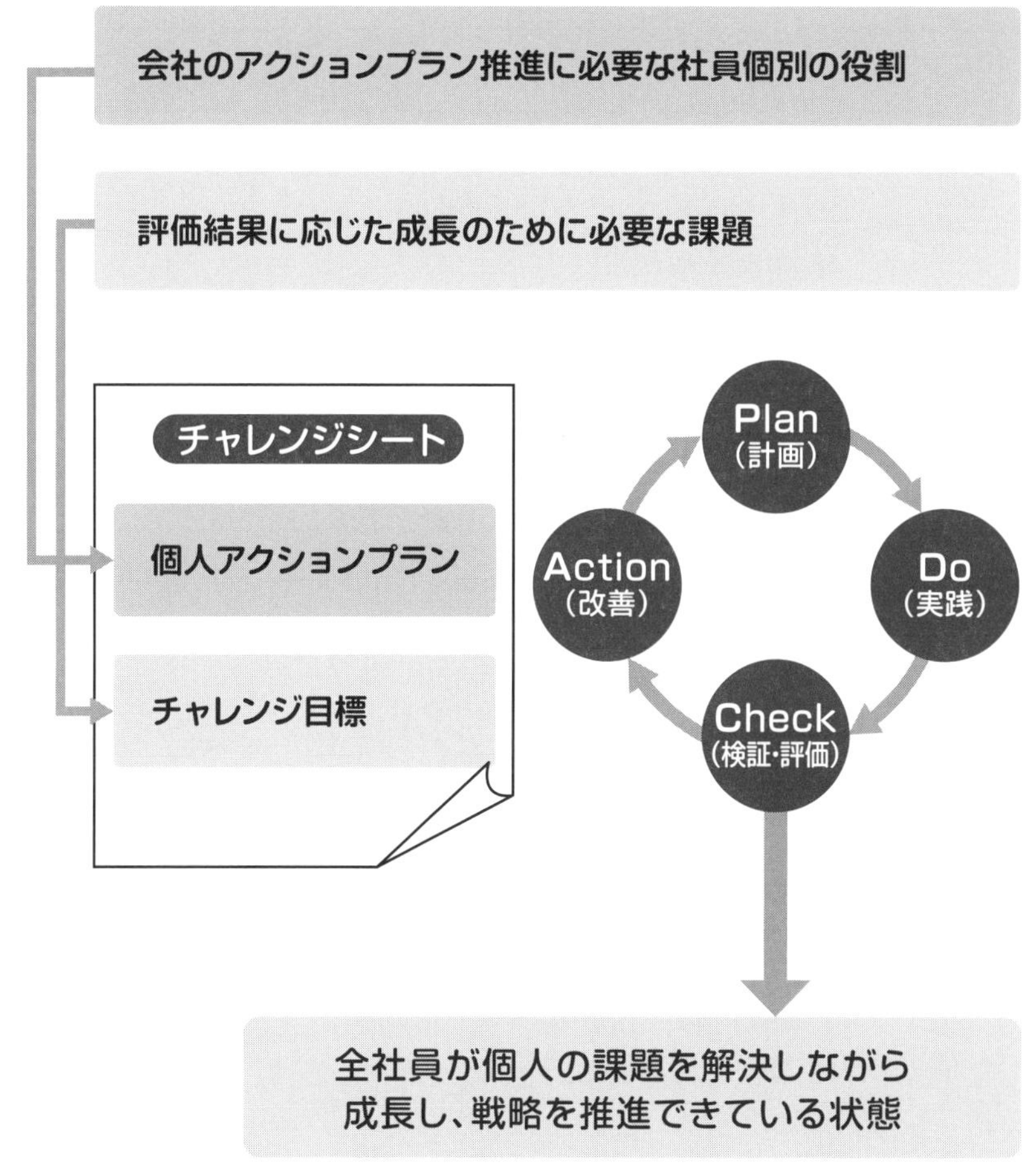

POINT

**全社員に個人アクションプランを設定することが、
会社の戦略を推進し、目標達成に導くカギ**

L1	氏名	山田　一郎	印

目標設定にあたり自己分析と将来のイメージを明確にする

グレード	L2	3年後	グレード	M1
仕事レベル	・課の業務管理ができる ・部下の指導、育成を任せられる		仕事レベル	・課の目標達成を期待されている部下の計画的育成で成果を出す

	4月	5月	6月
	①顧客カルテ情報項目の暗記 ②トークロープレ ……………→ ③顧客情報収集開始	④営業会議にて報告	④結果集約 ⑤課題の把握 ⑥課題解決の指導、ロープレ ⑦改善実行

推進手順をスケジュールに落とす

	推進手順
	①質問力に関する本を2冊読む ②実践内容をまとめる ③トーク（セリフ）マニュアルを作成する ④ロープレを田中主任、川口課長に見てもらう ⑤トークマニュアル修正 ⑥担当先で実施 ⑦結果集約 ⑧課題把握、改善

到達レベルにいくためには、何をどのような手順で行うか具体的に記入

	6月	総括

	面談実施　　月　　　日

◉チャレンジシート記入例

【チャレンジシート】20●●年4月～6月	所属	営業1課	グレード	

現状分析						
	強み	コミュニケーション力がある	今期のテーマ	新規開拓部門トップ	1年後	
	弱み	数値分析が苦手				

		個人アクションプラン	成果指標	推進手順
個人アクションプラン	①	顧客情報の収集、活用	担当先 顧客カルテ記入率90%以上	①顧客カルテ情報項目の暗記 ②情報収集のためのトークロープレ ③顧客情報収集開始 ④結果集約 ⑤課題の把握 ⑥課題解決の指導、ロープレ ⑦改善実行
	②			
	③			

会社のアクションプランをもとに
個人アクションプランを設定

具体的な実践事項を手順に
そって番号をつけて記入

		目標項目	到達レベル
チャレンジ目標	①	ヒアリング能力向上	全担当先からこちらが欲しい情報を 引き出せる
	②		
	③		

面談時に、テーマを設定し
記入する

3カ月後にどのようになっていれば
よいのか、ゴールを具体的に記入

		4月	5月
推進・達成状況 共有情報・改善点	①	本の選定に時間がかかり、実践内容のまとめができなかった トークマニュアルの作り方がわからないので、参考になる事例を探す まずじっくり相手の話を聞くことが大事だということがわかった	
	②		
	③		
上司コメント		実践内容は手書きでもよいのでざっくりまず作成して見せてください まず、社内のコミュニケーションで学んだことを実践してみよう	
		面談実施　5月　8日	面談実施　　月　　日

【重要】
項目ごとに、できたこと、
できなかったこと、課題を
を記入し、上司へ提出する

【重要】
上司はアドバイスのコメントを加え、
部下と面談を行う（15分以内）

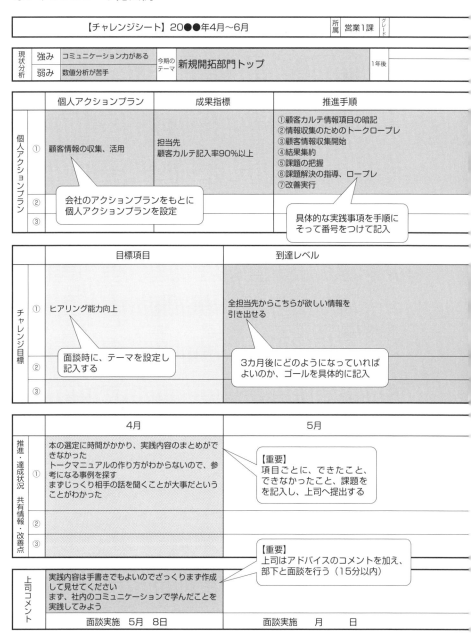

STEP3

05

「チャレンジ面談」で全社員の確実な成長が実現

「チャレンジ面談」が社員の成長を支える

チャレンジシートで全社員の目標とその達成のプロセスが明確になりました。

しかし、つくっただけですぐに実践できるというわけではありません。**何も対策を行わないと、次の評価の時期になって必要な部分を埋めて提出するという形式的な運用になってしまいます。**そうならないためには、チャレンジシート自体の運用を工夫する必要があります。

それが「チャレンジ面談」の徹底です。具体的な実施、推進方法をお話ししていきましょう。

まず、月初めに部下本人がチャレンジシート内の「自己コメント」欄に前月の実施状況と反省、改善点などを記入し、リーダーに提出します。リーダーは「上司コメント」欄に推進のためのアドバイスなどを記入したうえで面談を行い、本人の目標達成へ向けてアドバイスします。

しかし、この手順を評価者に指導するだけでは、継続が難しいのも事実です。

そのために次の3つをルール化して実行してください。

1　面談は一人10分以内
2　面談実施の日時を毎月評価者から本社担当者に報告してもらう
3　評価者が集まるリーダー会議などにチャレンジシートを持参させる

1については、面談に時間を取られてしまうのがハードルとなって実施しない評価者も多いものです。〝10分以内〟という枠を決めてあげることで、そのくらいでできるものならやってみようと意識づけができます。

2については、面談実施の日時報告を義務付けることで実施率を確実に高めます。

3については、社長や幹部、そのほかのリーダーが集まる場に持参させます。全員分をチェックするわけではありませんが、記入をしていないチャレンジシートを持ってくる人はまずいなくなります。

「チャレンジ面談」を継続し、全リーダーが部下全員と毎月行うのが**通常業務として習慣化できるかどうかが、「ビジョン実現型人事評価制度」で成果を出すいちばんのカギ**になります。当たり前の状態となるまで、社長自ら重要度を発信しながら徹底して定着させてください。

06 運用は焦らず、トライアル評価を必ず3回実施する

結果的に成果を確実なものにするトライアル評価

ここまでで評価の一連のプロセスを紹介しました。ですが、プロセスの内容が理解できたからといって、すぐに評価結果を賃金に反映するのは待ってください。逆効果になる場合があるからです。具体的には、**「トライアル評価」を最低3回は実施**した後に行いましょう。トライアル評価とは、本番前の練習評価のことです。

1回目は、評価と育成会議まで。

2回目は、チャレンジシートまでをひと通りやってみます。

3回目は、評価を実施したあとに「納得度アンケート」（208～211ページ）を行います。

このトライアル評価のプロセスを**時間をかけてじっくり行うことが、逆に成果を早める**ことにもつながります。

「トライアル評価」でダメ出しを！

トライアル評価

人事評価制度を本格運用する本番前の予行練習。
最低3回は実施するのが望ましい

トライアル評価の目的

1回目 ——評価者の評価手順の理解、評価基準の改善

2回目 ——評価者の評価スキルの確認・指導、評価基準の改善

3回目 ——評価結果の妥当性確認、評価者の部下指導レベル確認

トライアル評価で制度のダメ出しと不満を解消しておくことで、賃金に結びつけたときの不満や不具合を最小限に抑える

POINT

トライアル評価のプロセスは時間をかけて行う。それが成果へとつながる。

トライアル評価で制度のダメ出しと不満解消

3回のトライアル評価には、次の目的があります。

- ・1回目　評価手順の理解、評価基準の改善
- ・2回目　評価者の評価スキル確認・評価結果の妥当性確認
- ・3回目　評価者の部下指導レベル確認、被評価者の納得度の確認

3回のトライアルを経て、最後に実施する「納得度アンケート」で社員側の納得度を計測し、満足できるレベルであれば、そこではじめて本番評価に移行するのです。

アンケートの結果がよくない場合は、さらにトライアルを継続し、評価者の育成や評価基準の整合性をとってから本格導入を図る場合もあります。

新しく人事評価制度ができた時点で、給与や賞与に早く結びつけたほうがモチベーションは上がると考える人がいます。

しかし、これは大きな誤解です。

納得度が得られてからでないと、逆にモチベーションは下がります。

納得していない評価結果で給与や賞与が決められてしまったら、モチベーションが上がるはずはありません。

前述しましたが、一般的には人事評価制度に対して「5割以上が不満」というのが実態です。これもここに要因があります。

要するに、一般的な会社では、人事評価制度ができたら説明会を行って導入、1回目の評価結果をすぐに賃金に結びつけてしまうのです。評価者が育っているかどうかも、適正に評価できる評価基準なのかも検証せずにいきなり賃金に反映するのですから不満が出て当たり前なのです。

当社が支援するクライアントでは「評価結果に納得した」と答えてくれた被評価者が94%を超えています。これは、「ビジョン実現型人事評価制度」の目的と役割をきちんと浸透させて、トライアル評価のプロセスを踏んで定着を図りながら、じっくり時間をかけて導入、実践するからこそ得られるデータなのです。

ここに**時間をかけることで、結果的に成果を速め、確実なものとすることができる**のです。

STEP3

07 「納得度アンケート」で定期的に納得度を計測

納得度アンケートで効果測定を継続

ここからは人事評価制度でより成果を出すためのサポートの仕組みを紹介します。

まずその一つが、前述の「納得度アンケート」です。

これは人事評価制度導入後の社員の納得度の計測です。評価の納得度が得られているかどうか、成長のための目標が明確になって取り組めているかどうか、アンケートを実施し、課題がある場合、改善につなげていかなければなりません。納得度アンケートを始めた当初は、納得度が50％近くからのスタートでした。**これを継続し、その都度、対策を行うことで94・3％という高い数値を得ることができた**のです。

アンケートは育成面談の終了後に、全社員に実施します。また必ず半年に1回は実施し、継続してください。用紙には、部署とグレードだけを記入して無記名で提出してもらうことで、本音で回答してもらえる確率が高まります。アンケートの事例を210・211ページにご紹介しています。

アンケートで見えてきた組織上の問題点

納得度アンケートは部署ごとに結果を集約することで、リーダーの評価への関わり方や部署のマネジメントの問題点などが明確になる場合があります。

全国に22店舗を展開する企業で納得度アンケートを実施しました。するとそのうち2店舗の結果が極端に悪かったのです。「育成面談を受けることで、仕事に対するモチベーションが上がったか」という項目に対し、5割以上が「モチベーションが低下した」と答えていたのです。ほかの20店舗は8割近くが、「モチベーションが上がった」という回答でした。

不審に思った社長は、店長本人にはわからないように配慮しながらその原因を探ってみました。すると、この2店舗は育成面談を行っていないことがわかったのです。

また、ほかのクライアントでは、部署のリーダーが日ごろのマネジメントがまったくできていなかったということがわかり、意識づけと指導を行ったにもかかわらず、改善されずに降格せざるをえなかったという事例もあります。納得度アンケートの本来の目的は納得度の計測と向上へ向けた対策です。しかし、**人事評価制度や組織上の問題点が把握できる**という効果もあります。組織力の向上のためにも実施したい仕組みです。

◉納得度アンケート結果（店舗別）

①あなたは最終評価結果に納得できましたか

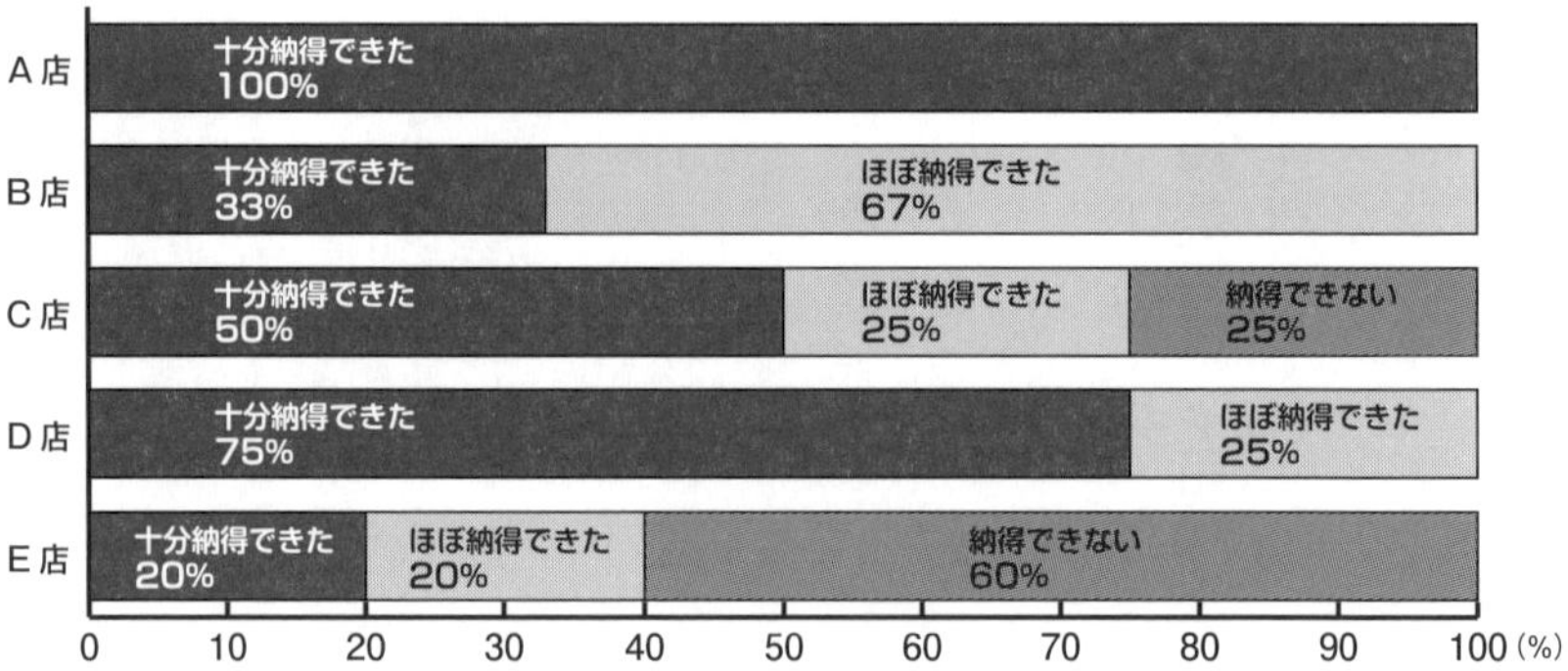

③あなたは、上司からの評価結果の説明に納得できましたか

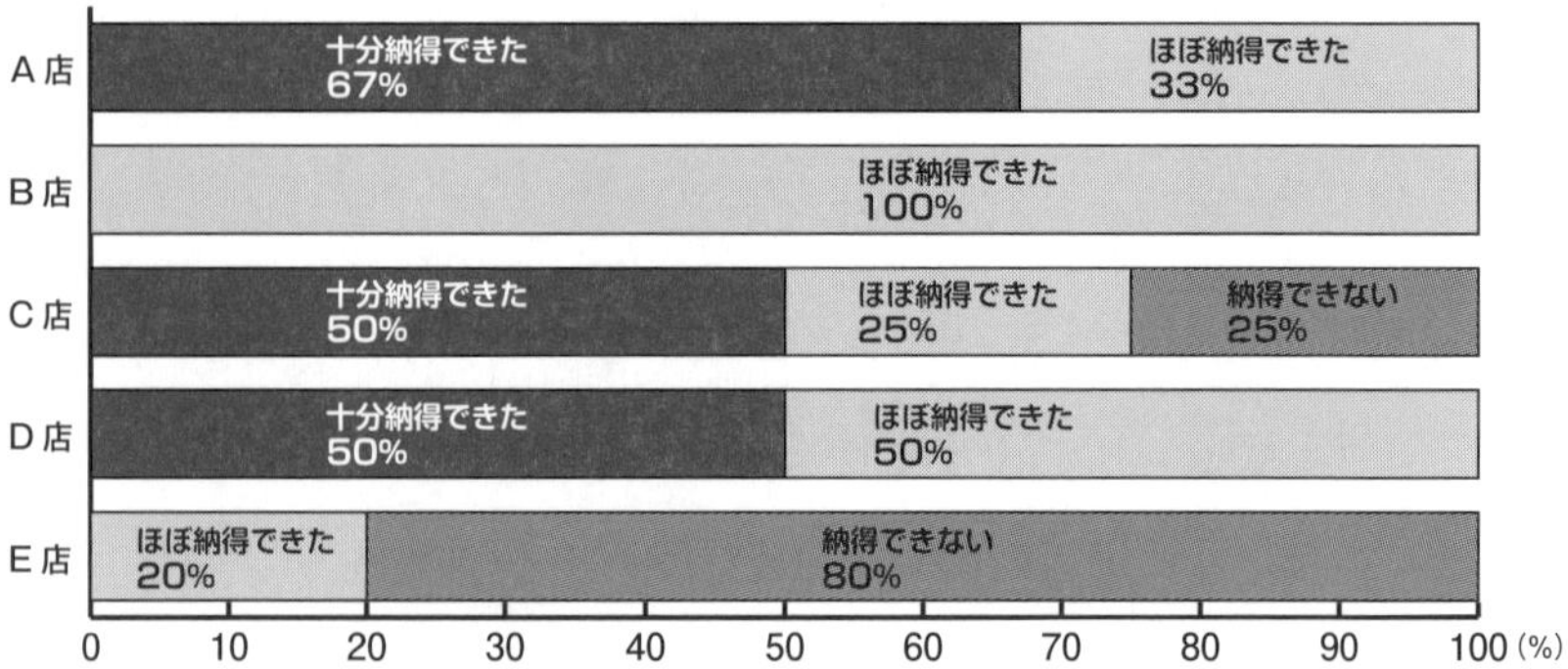

⑦育成面談を受けることによって仕事に対するやる気が向上しましたか

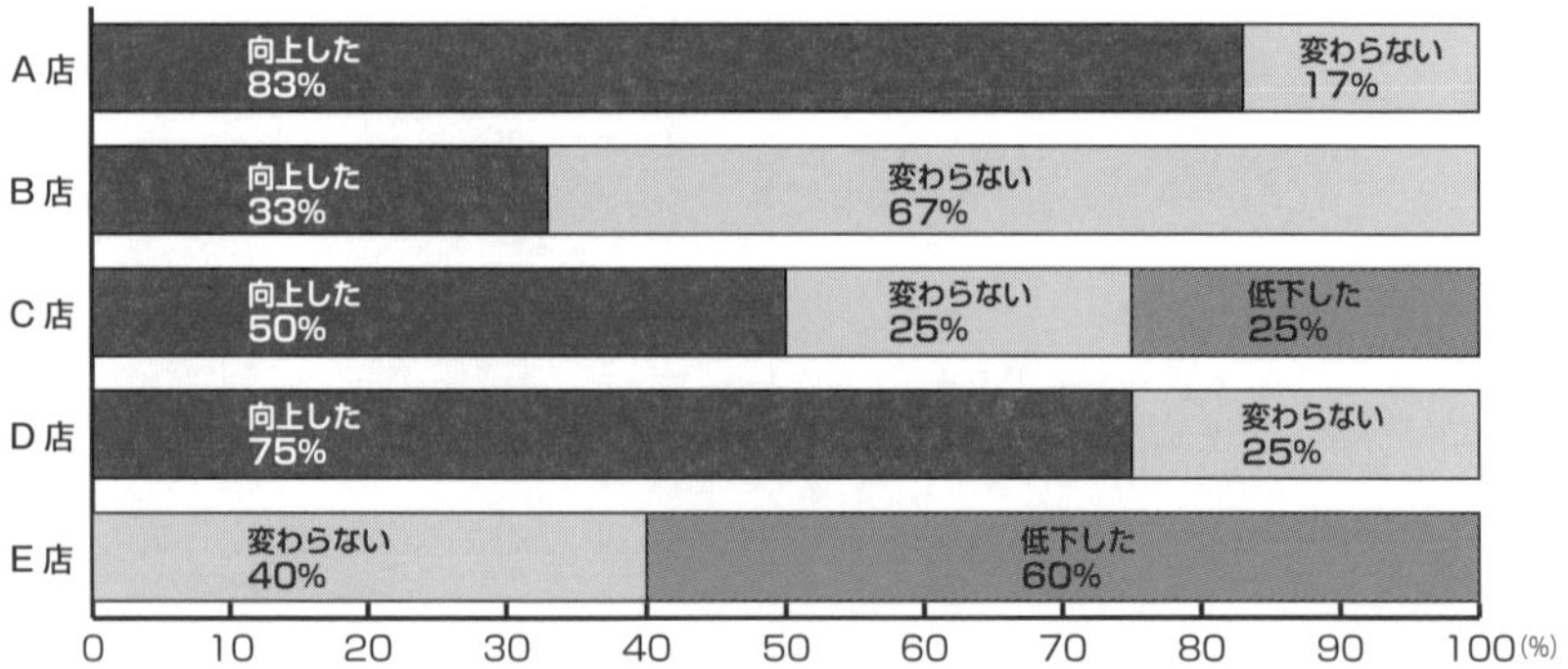

◉納得度アンケート結果（全体）20●●年5月

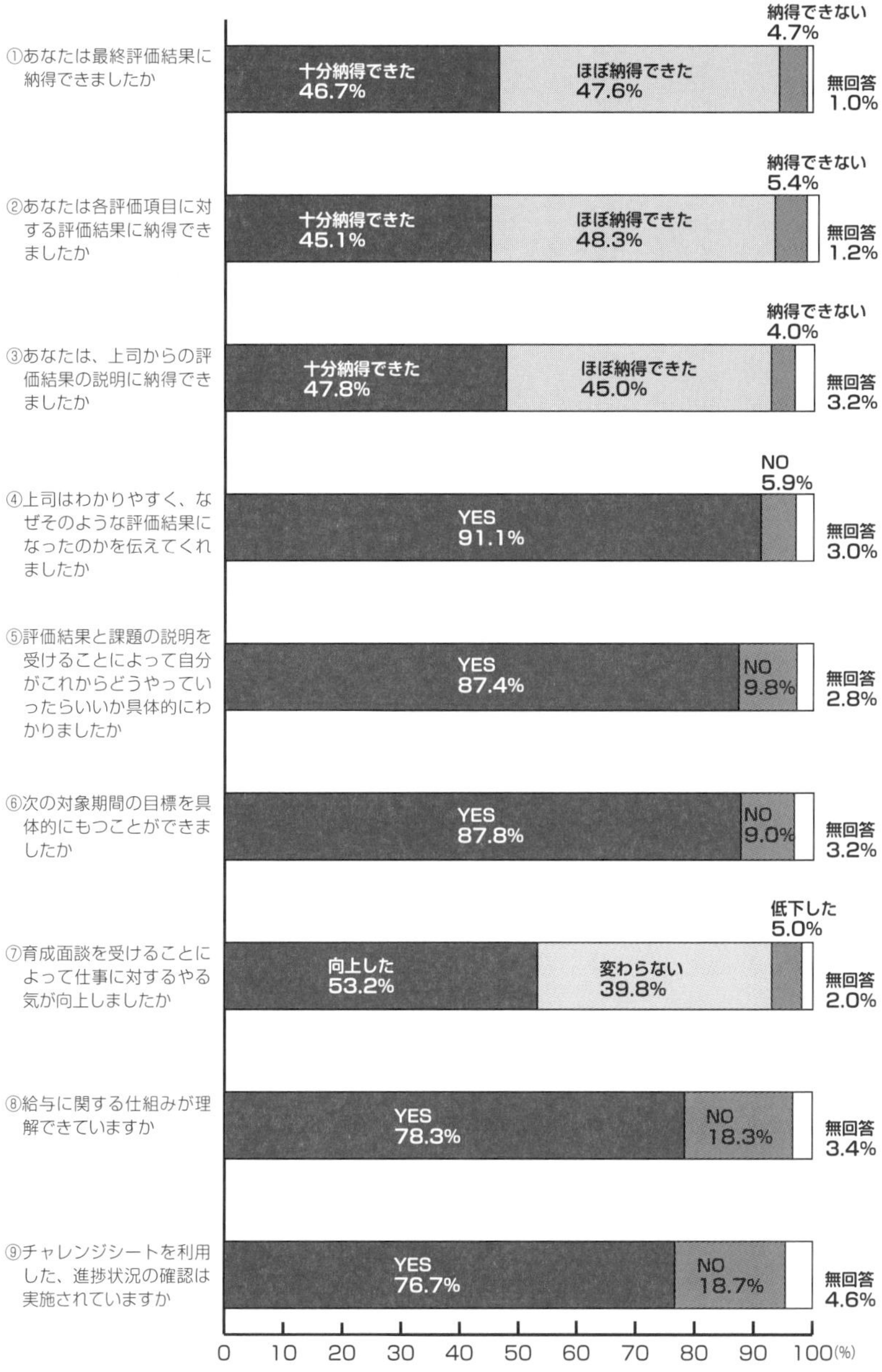
①あなたは最終評価結果に納得できましたか
十分納得できた 46.7%
ほぼ納得できた 47.6%
納得できない 4.7%
無回答 1.0%
②あなたは各評価項目に対する評価結果に納得できましたか
十分納得できた 45.1%
ほぼ納得できた 48.3%
納得できない 5.4%
無回答 1.2%
③あなたは、上司からの評価結果の説明に納得できましたか
十分納得できた 47.8%
ほぼ納得できた 45.0%
納得できない 4.0%
無回答 3.2%
④上司はわかりやすく、なぜそのような評価結果になったのかを伝えてくれましたか
YES 91.1%
NO 5.9%
無回答 3.0%
⑤評価結果と課題の説明を受けることによって自分がこれからどうやっていったらいいか具体的にわかりましたか
YES 87.4%
NO 9.8%
無回答 2.8%
⑥次の対象期間の目標を具体的にもつことができましたか
YES 87.8%
NO 9.0%
無回答 3.2%
⑦育成面談を受けることによって仕事に対するやる気が向上しましたか
向上した 53.2%
変わらない 39.8%
低下した 5.0%
無回答 2.0%
⑧給与に関する仕組みが理解できていますか
YES 78.3%
NO 18.3%
無回答 3.4%
⑨チャレンジシートを利用した、進捗状況の確認は実施されていますか
YES 76.7%
NO 18.7%
無回答 4.6%
0 10 20 30 40 50 60 70 80 90 100(%)

08

四半期評価が成長スピードを速める

評価の期間は四半期がベスト

一般的に、評価は6カ月ごとに行うことが多いと思いますが、「ビジョン実現型人事評価制度」では、3カ月ごとの評価を推奨しています。その理由は2つあります。

1 適正な評価とするため
2 成長スピードを速めるため

1 適正な評価とするため

6カ月ごとに評価を行う場合、仮に4月に評価を実施すると、その対象期間は前年度10月から当年3月が対象となります。あなたは5、6カ月前、10月や11月の部下の仕事ぶりをはっきり覚えていますか？

そう、**6カ月間を振り返り、総合的な判断を適正にできる人はほとんどいない**のです。

なぜ四半期評価を行うべきか①

1 適正な評価ができる

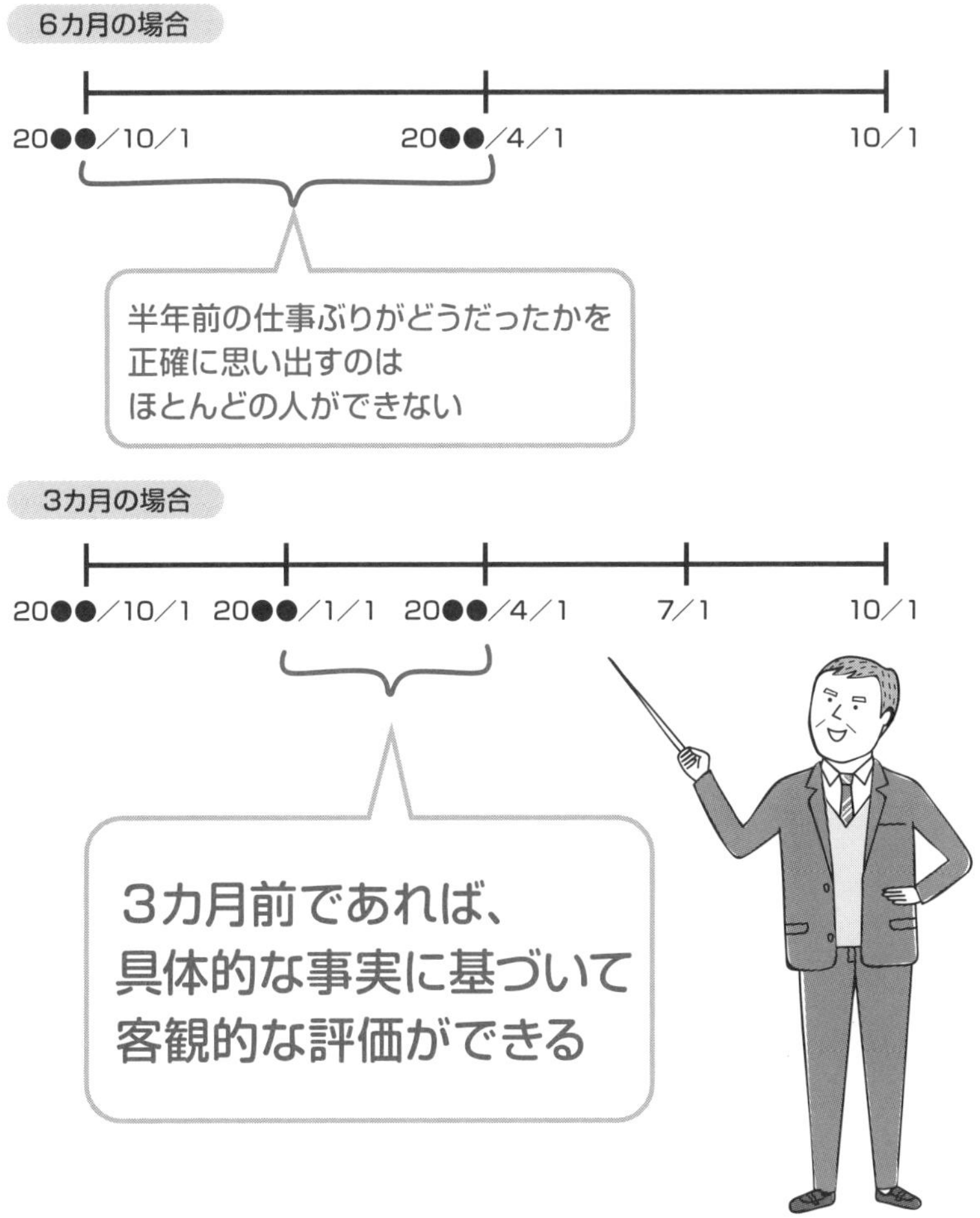
6カ月の場合
20●●／10／1
20●●／4／1
10／1
半年前の仕事ぶりがどうだったかを
正確に思い出すのは
ほとんどの人ができない
3カ月の場合
20●●／10／1
20●●／1／1
20●●／4／1
7／1
10／1
3カ月前であれば、
具体的な事実に基づいて
客観的な評価ができる

POINT

評価運用5つのステップが日常業務となるまで徹底して繰り返す

適正な評価を行うための根拠となる事実が直近の出来事だけになってしまったり、目立つ成果や失敗のみで判断してしまったり、本人が納得できない評価となってしまう場合が多いのです。

2 成長スピードを速めるため

ここがいちばん大事な視点ですが、「評価＝人材育成の機会」ですから、できるだけ多く設けたほうが成長スピードも速まるという考え方です。

実際、当社のクライアントでも社員数が多いなどの理由で6カ月ごとに評価を行っている会社があります。しかし、3カ月ごとに評価を行っている会社と比較すると、圧倒的に後者の社員、とくに評価者である**リーダーの成長スピードが速いのです。そのスピードの差は倍どころではなく、3〜10倍違います。**

評価制度の「5つの運用プロセス」（180ページ）をもう一度確認してください。部下の仕事ぶりをしっかり観察し、事実に基づいて適正な評価を行い、本人の成長に効果的な目標を設定し、達成状況を確認、サポートしていく。これをリーダーが3カ月ごとにまわすのと6カ月ごとにまわすのではどちらが成長スピードが速いかを考えていただくと、その理由は明らかでしょう。

結果として業績や会社の成長にも影響します。ぜひ四半期評価を実施してみてください。

なぜ四半期評価を行うべきか②

2 成長スピードが速まる

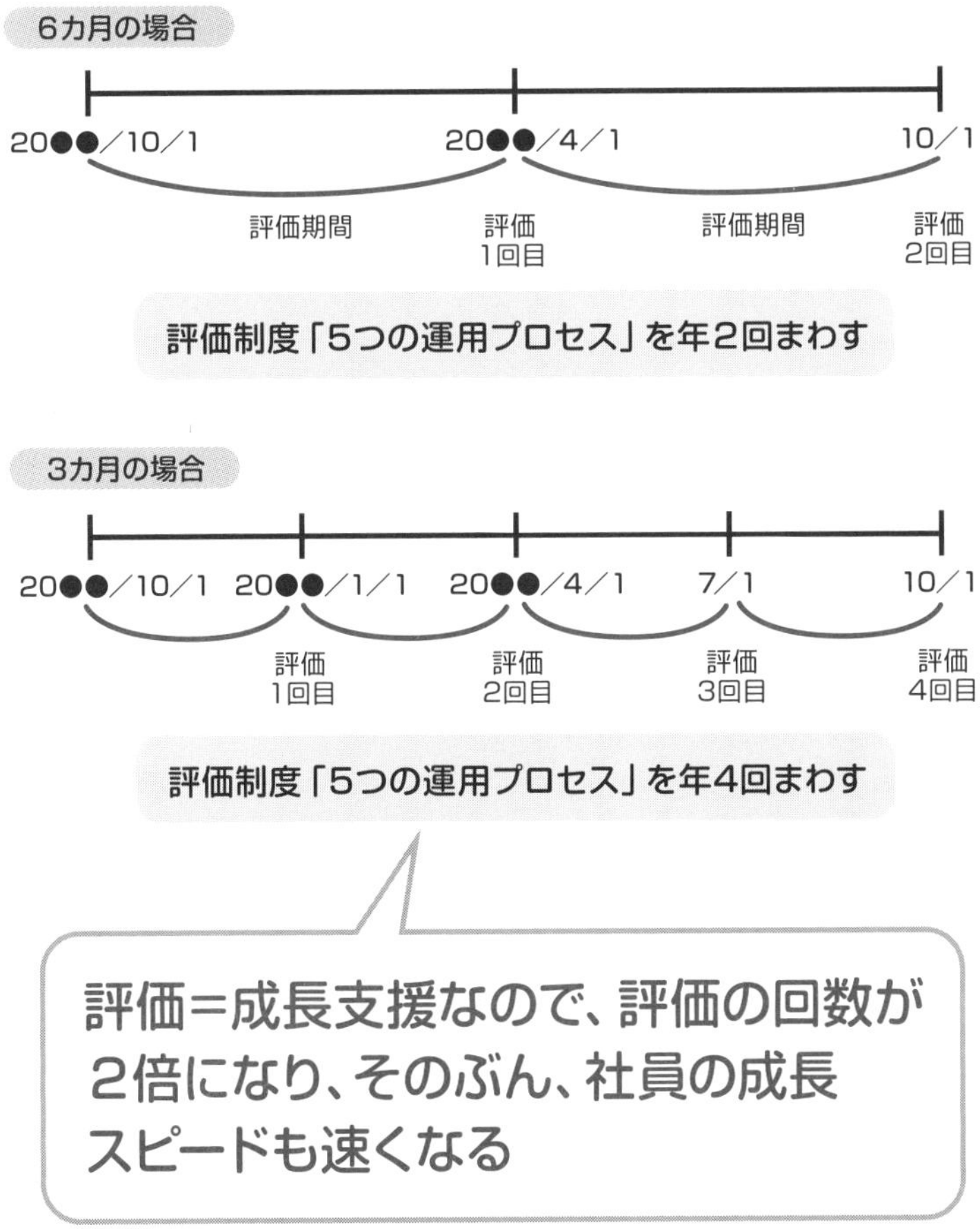

POINT

評価=人材育成と考えて、四半期評価を徹底する

STEP3

09 経営計画を“絵に描いた餅”にしないために

「アクションプラン」の運用で主体的に戦略を推進し、目標を達成できるリーダーが育つ

「ビジョン実現型人事評価制度」、もう一つの運用の仕組みが「アクションプラン」です。経営計画に盛り込んだ戦略を実現するためには、実行計画のスケジュールを立てなければいけません。「何を」「いつまでに」「誰が」「どういう手順で」行うのかを具体化します。これを「戦略・アクションプラン推進表」（220〜221ページ参照）にまとめて一覧にします。

このアクションプランの推進について、毎月リーダーとともに検討する会議が「アクションプラン会議」です。

経営計画も人事評価制度と同じでつくっただけでは成果は生まれません。

「新商品を開発し、新たな収益を生み出す」という戦略を発表しても、それだけでは新商品が生まれることはないでしょう。

「アクションプラン会議」で計画の実行と成果を実現する

アクションプラン会議

戦略を実現するために明確にしたアクションプランについて
毎月リーダーと推進を検討する会議

戦略

商品企画プロジェクトを推進し、新商品を生み出し続けることで、
収益の増大を図る

アクションプラン

商品提案コンクールの実施

↓

What

・商品提案コンクールを

Who

・誰がコンクールの運営を担当するのか

When

・いつコンクールを開催するのか

How

・商品化の手順はどうするか
・提案の審査はどのような方法でやるのか
・コンクールは定期的に行うのか

POINT

**戦略は実行計画まで落とし込まないと
実現できない**

「誰が」「いつ」「どのような方法で」やるのかを確認しながら進める

たとえば、アクションプランの一つとして「商品提案コンクール」の開催を決めたとしましょう。これを実行するには、運営を「誰が」担当するのか、「いつ」開催するのか、提案の審査は「どのような方法で」やるのか、商品化の「手順はどうする」のか、コンクールの「頻度はどうする」のか、と決めることがたくさんあります。

これらのことを明確にし、「戦略・アクションプラン推進表」を作成します。そして、推進、進捗管理のための会議をリーダーが中心となって行います。アクションプランを推進することで、一般社員にも役割が生まれ、これを196ページで紹介したチャレンジシートに「個人アクションプラン」として落とし込みます。

中小企業はPDCAをまわしていくのが苦手です。みんなで盛り上がってPLAN（計画）はできたが、DO（実行）ができなかった。DO（実行）はできたが、CHECK（検証・評価）はまったくできていない、というケースが非常に多いものです。これでは、せっかくのいいアイデアが埋もれてしまったり、実行に向けて盛り上がっていた社員のモチベーションを低下させてしまったりと会社にはマイナスです。アクションプランと評価制度を連動させて運用することで、全社員がPDCAをまわし続ける体制を確立し、これを習慣化することができるのです。

「アクションプラン会議」の推進をリーダーに任せる

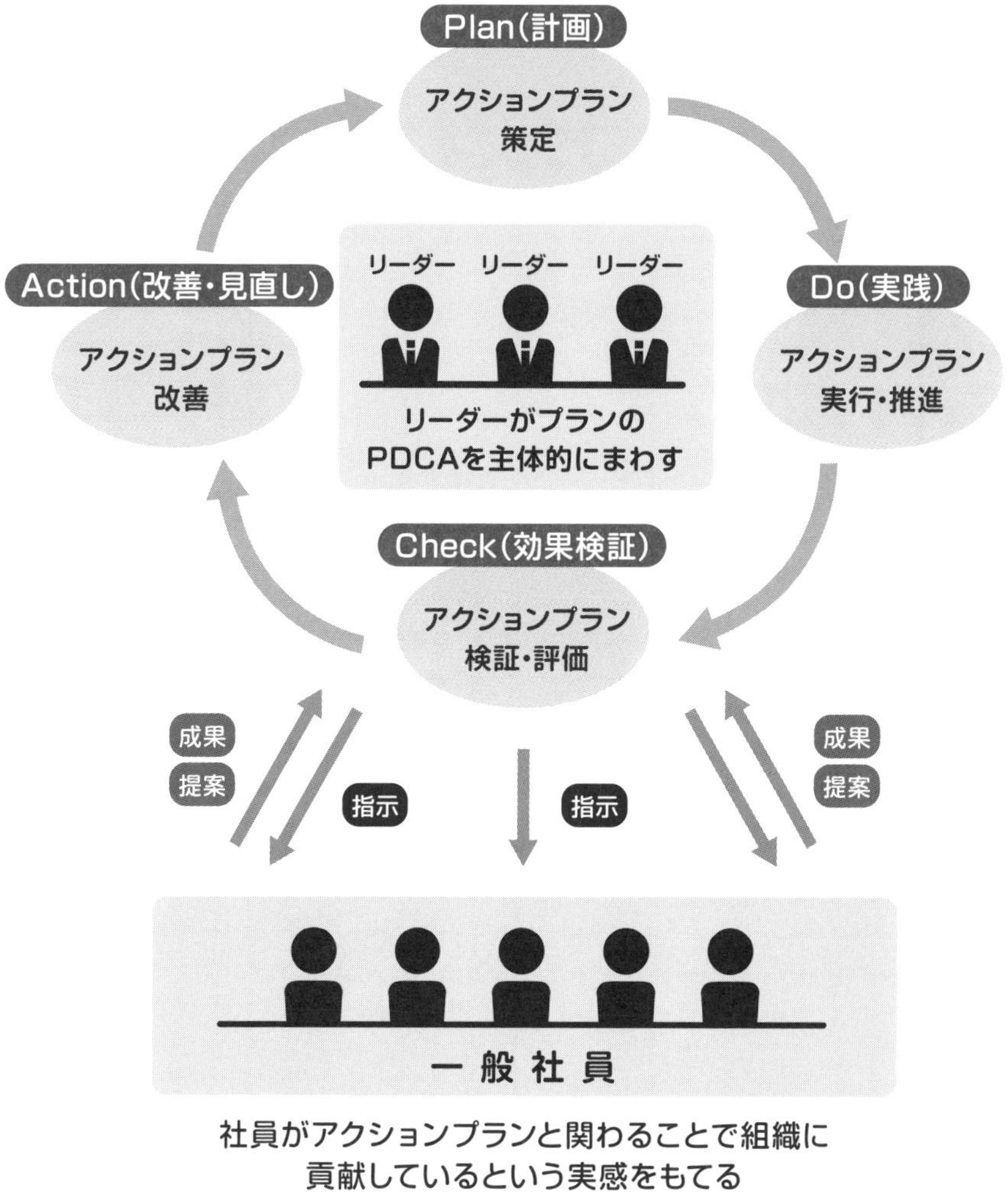

社員がアクションプランと関わることで組織に
貢献しているという実感をもてる

POINT

**中小企業が苦手とするPDCAが
着実に実行でき業績がアップする**

進捗管理								
	5月	6月	7月	8月	9月	10月	11月	12月
	④社員説明会 開催 ⑤運用開始 →	→	⑥商品企画 会議実施 → ⑦随時商品化 推進 →	→	→	⑥商品企画 会議実施 →	→	⑧成果検証 ⑨改善点把握 →
	③優先順位の 検討 ④改善計画の 立案	⑤改善計画 実施 →	→	→	→	⑥進捗、成果 確認、検討 ⑦計画の 見直し	⑧実施 →	→

◉戦略・アクションプラン推進表の例

20●●年度　戦略・アクションプラン推進表

分類	戦略NO	戦略内容	AP NO	アクションプラン	成果指標	推進手順	推進責任者 担当者		4月	
商品戦略	1	新商品開発プロジェクトの推進	(1)	商品提案コンクールの企画、推進	・新商品販売 1件	①担当メンバー選定 ②コンクール実施要領検討 ③運用フロー、必要ツール作成 ④社員説明会開催 ⑤運用開始 ⑥商品企画会議実施 ⑦随時商品化推進 ⑧成果検証 ⑨改善点把握 ⑪次期実施計画検討、立案	【池田部長】 姫野 伊藤	推進スケジュール	①担当メンバー選定 ②コンクール実施要領検討 ③運用フロー、必要ツール作成	
								実施		
								課題共有		
			(2)	生産委託体制の改善による原価低減と品質向上	・原価率3%低減 ・不良率5%減	①委託先別課題のリストアップ ②改善点の明確化 ③優先順位の検討 ④改善計画の立案 ⑤改善計画実施 ⑥進捗、成果確認、検討 ⑦計画の見直し ⑧実施	【松浦部長】	推進スケジュール	①委託先別課題のリストアップ ②改善点の明確化	
								実施		
								課題共有		

STEP3

10 成果を加速させるツールの使い方

ツールや仕組みの見える化で浸透と実行度を高める

「ビジョン実現型人事評価制度」の運用で、多くの会社で実践し、成果につながった手法をいくつかご紹介しましょう。

それは、実践、あるいは浸透させたいものを社内で見える化するという方法です。社員個々人のための運用ツールを全社員が見えるようにしたり、会社側の収集した情報や分析データを社員に公開することで浸透度や納得度を高めることができます。次の2つの流れで具体的事例をご紹介しましょう。

1　社員個々人　↓　他の社員、全社員

2　会社　↓　全社員

ツールの見える化で浸透・実行度を高める!

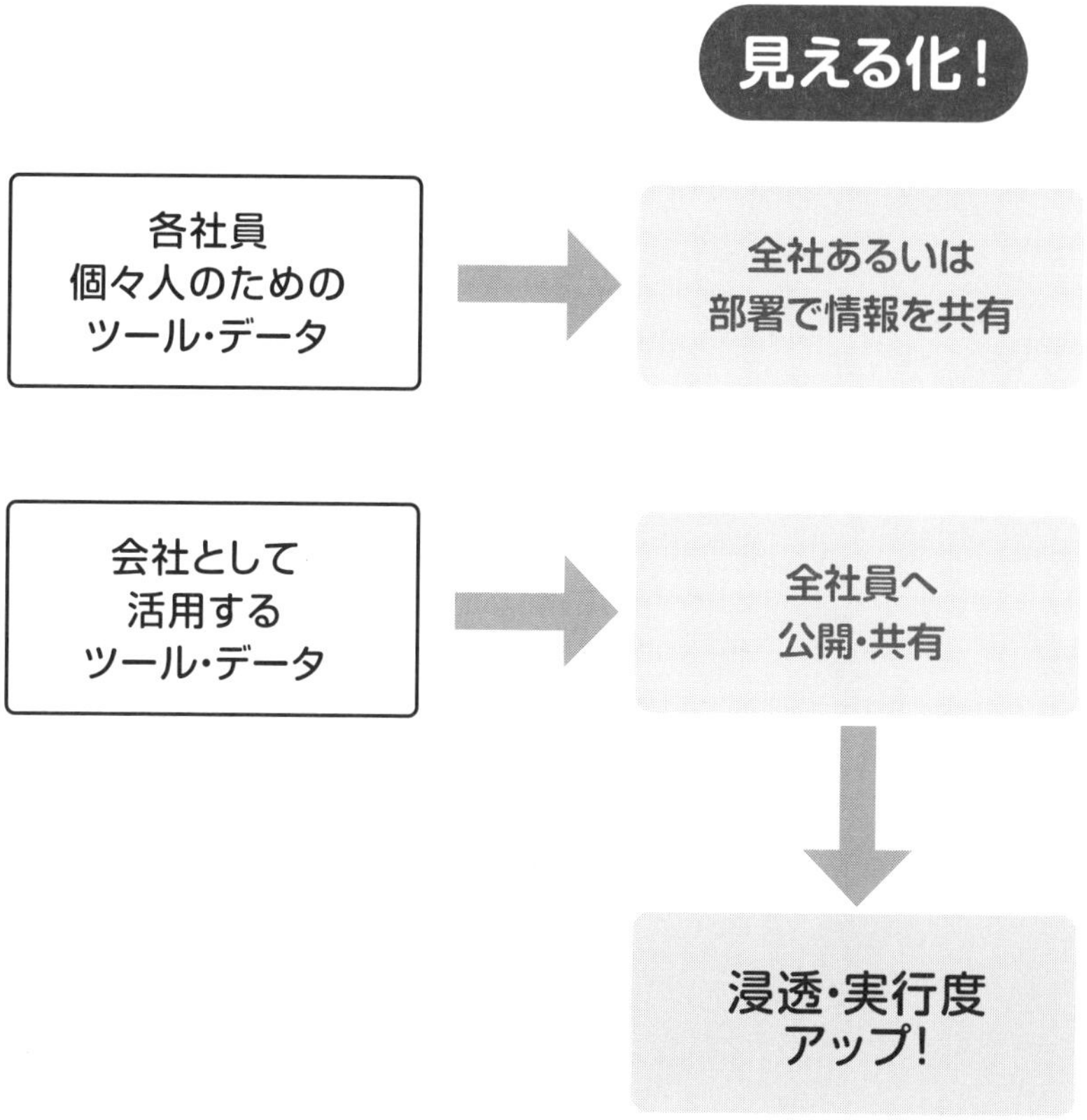

POINT

「運用のプロセスで作成した資料やデータに
プラスアルファの工夫を行うことで成果が高まる」

1には、「チャレンジシート」、「改善提案」などがあります。

チャレンジシートは本来、「チャレンジ目標」として本人の成長目標を掲げています。これを他の社員にも公開します。全社員、あるいは部門メンバーのチャレンジ目標をひとつのシートにまとめて掲示したり、IT系のコミュニケーションツールやクラウド上の共有スペースにアップするという方法で進めるとよいでしょう。

チャレンジ目標を他人の目に触れさせることで、**「みんなに見られているので、きちんと取り組んで達成しなければ」という意識を高めることができる**のです。

また、評価基準の業績項目には、「改善提案件数」という項目を、多くの会社で採用します。ここで出てきた提案や採用されたものを集約して公開します。もちろん、改善提案に限らず「商品提案」や「販促企画案」なども評価項目にある場合は対象とした方がよいでしょう。

こちらも、朝礼や全体の会議の場などで提案が多かった人を褒めたり、採用され効果があったものを表彰するなどの工夫を行うことで、**「自分も改善や企画について考え、提案してみよう」という動機付けになる**のです。

2には、「ビジョン実現シート」「アクションプラン」「納得度アンケート」などがあります。

「ビジョン実現シート」については、社員全員がいつもビジョン実現シートを目にする状態にあるように工夫します。

そのために3つの方法があります。

1つは、カード形式にして全社員に常に携帯させる方法です。一般的には、リッツ・カールトン・ホテルやジョンソン＆ジョンソンが「クレドカード」として活用しているものがよく知られています。ビジョン実現シートの要素から「経営理念」「基本方針」「行動理念」「ビジョン」「人事理念」の5つを8ページに印刷し、三つ折りにすると名刺サイズになるようなカードを作成します。これを全社員に配布、胸ポケットなどに入るサイズなのでいつも携帯し、朝礼や会議などで取り出し、唱和するというルールも合わせてつくるとよいでしょう。この**クレドカードは、ほとんどの会社で実践**しています。

2つ目は、「ビジョン実現シート」を社員が常に目に見える場所に貼っておく方法です。デスク周りに貼っておいたり、パソコンやスマートフォンの壁紙にビジョン実現シートや前述の5項目をレイアウトしたデータを張りつけるなどの方法があります。打ち合わせスペースなど、多くの社員が使う場所に掲示するのもよいでしょう。こうした工夫をすることで、**社員はかなりの頻度で理念やビジョンを目にすることになる**でしょう。

3つ目の方法は、「ビジョン実現シート」をそのまま持ち歩くことです。ビジョン実現シートの縮小版を手帳などに挟んで持ち歩きます。こうすることで、会社にいないときでもスケジュールを確認するときに常に理念やビジョンを目にする状態をつくれます。

「アクションプラン」は、まず220〜221ページでご紹介した、「戦略・アクションプラン推進表」を全社員に配布します。毎月のアクションプラン会議終了後の進捗状況は、アクションプラン会議の参加者が自部門のメンバーに共有したうえで、会社のITツールの掲示板などで見ることができる状態にしておくとよいでしょう。

「納得度アンケート」は、アンケート結果（208ページ参照）を社員に説明したうえで、グラフやデータを一定期間掲示、または回覧をします。前回との比較や分析結果、納得度向上に向けた取り組みなども報告しながら結果を社員と共有します。

こうした取り組みは、効果がダイレクトに実感できないこともあります。しかし、毎回地道に行うことで、確実に社員の会社への期待度や信頼度を向上させることができるのです。継続がポイントです。

ここでご紹介した運用方法は、人事評価制度の運用上で作成したツールを、**本来の使い方にプラスアルファの工夫を加えることで、さらに効果が高められる**取り組みです。私自身が中小企業の現場を通じて試行錯誤しながら確立した手法ですので、ぜひあなたの会社でも実践してみてください。

ツールはこうやって見える化する

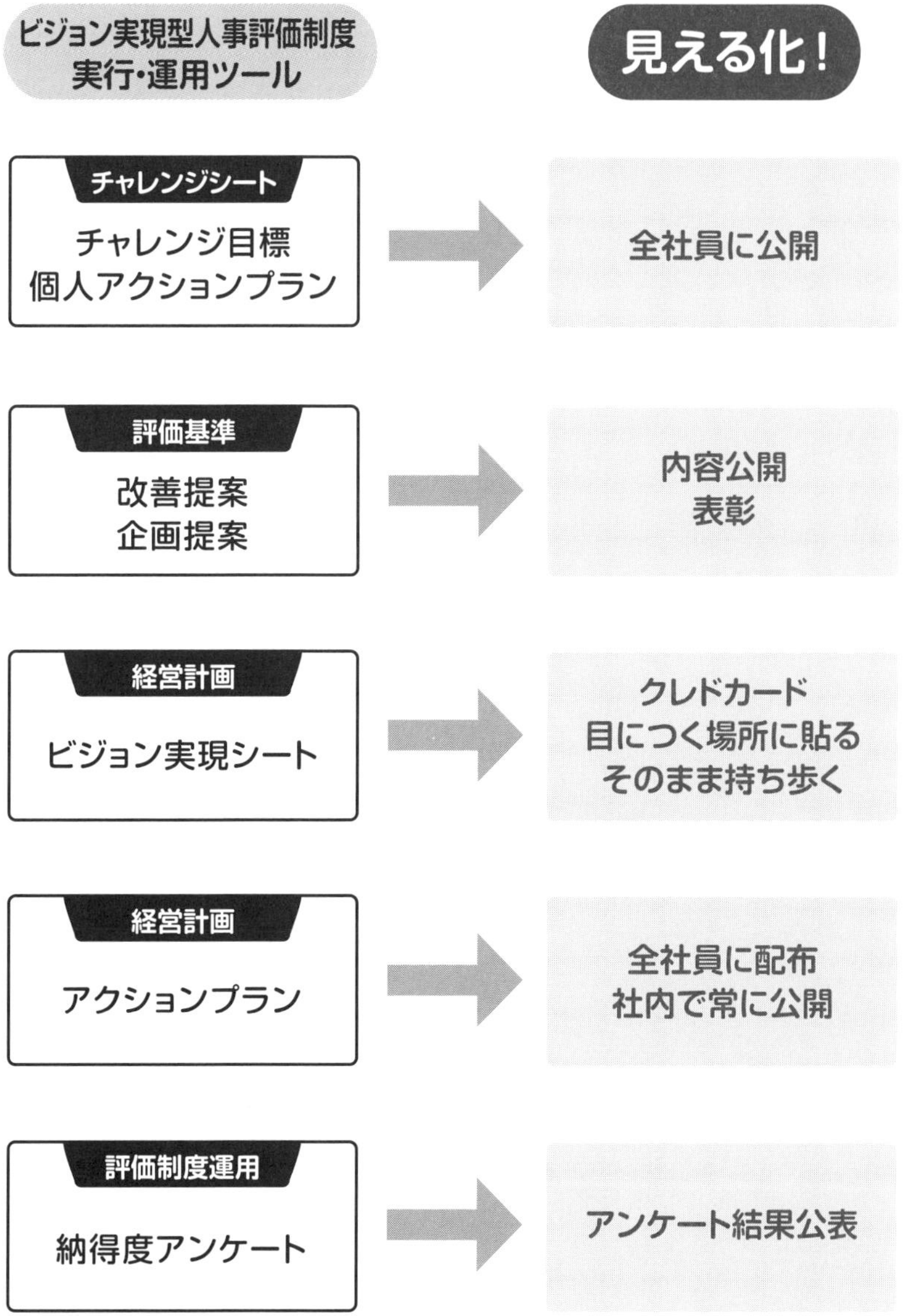
ビジョン実現型人事評価制度
実行・運用ツール
見える化！
チャレンジシート
チャレンジ目標
個人アクションプラン
全社員に公開
評価基準
改善提案
企画提案
内容公開
表彰
経営計画
ビジョン実現シート
クレドカード
目につく場所に貼る
そのまま持ち歩く
経営計画
アクションプラン
全社員に配布
社内で常に公開
評価制度運用
納得度アンケート
アンケート結果公表

STEP3

11 「賃金制度」はいつどのようなタイミングで導入すればよいのか

「賃金」への反映は3つの条件がそろってから

本書を手に取っていただいた方の中には、当初、「人事評価制度」は「賃金制度」がセットで、評価が賃金に反映することが目的だと考えていた方もいらっしゃるでしょう。しかし、ここまで読み進めることで、そうではないことは十分理解していただけたと思います。

本書では「人事評価制度」本来の目的である理念、ビジョンの実現のために必要な、「経営計画」と「評価制度」の設計・運用の解説のみにあえてとどめています。人材の育成を通じてビジョンに近づいていくためには、この2つの仕組みに十分時間をかける必要があるからです。

ただし、もちろん私が指導しているクライアントも、**最終的には評価を賃金、賞与に連動させます。**

重要なのは、そのタイミングをいつにするかです。

3つの条件がそろうまで「賃金」には反映しない

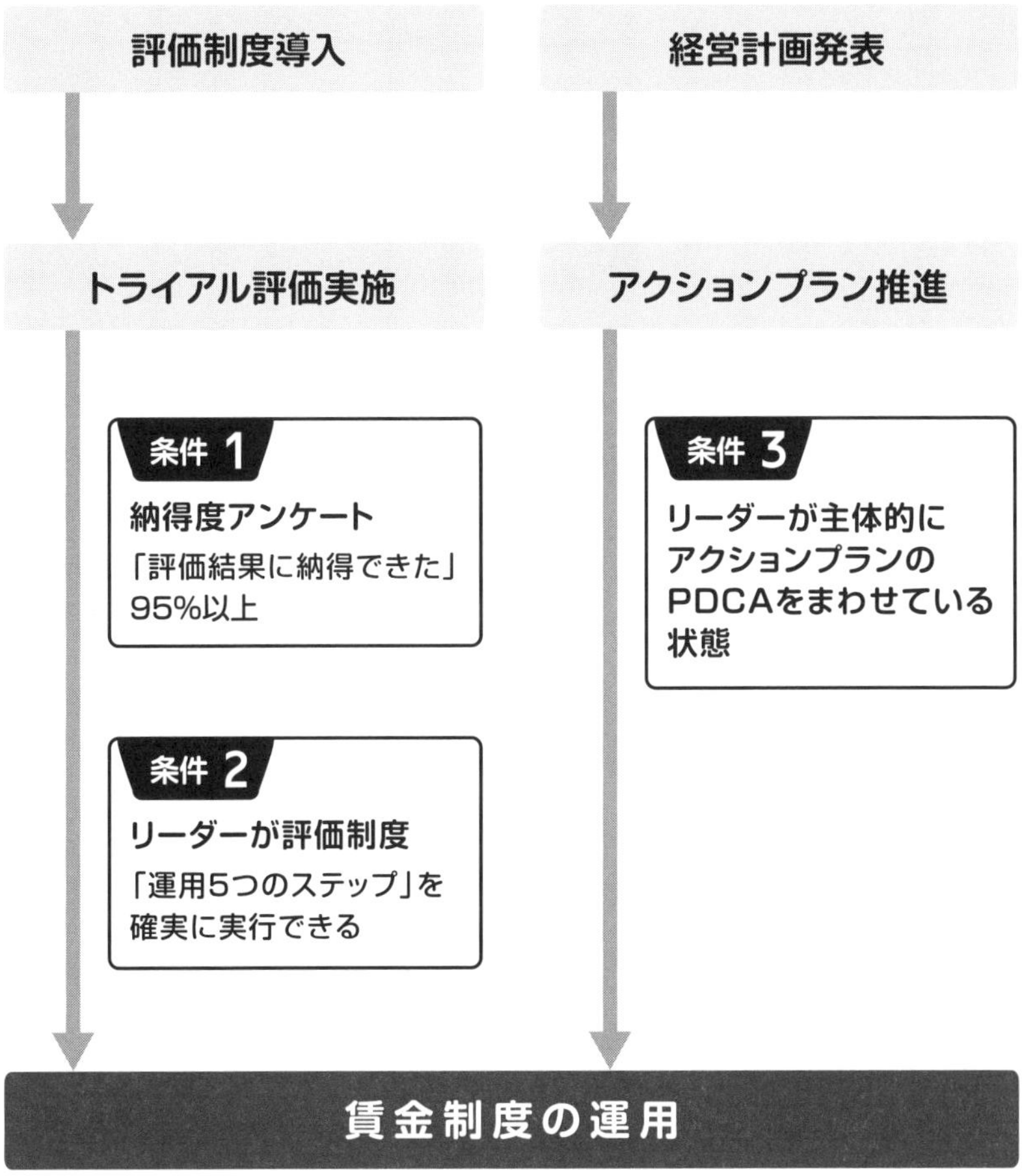

POINT

賃金反映の時期は4〜7年後が目標

それは、次の3つの条件が満たされているかどうかで判断します。

1　評価の納得度が十分得られている
2　リーダー（評価者）が評価制度の5つのステップを確実に実行してる
3　リーダーがアクションプランのPDCAをまわしている

1は「納得度アンケート（208ページ）」の客観的データで判断します。

2は評価制度5つのステップを全評価者が毎回確実に実行しているか、とくに「チャレンジ面談」をリーダーが確実に実行している状態になっているかがポイントです。

3は、アクションプラン会議を通じて、リーダーがその推進を主体的に行っているかで判断します。

この3つの条件が満たされた状態になるまでにかかる時間は、各組織によって違います。プロジェクトへの取組スタート後、2年で到達するところもあれば、5年かかるクライアントもあります。

あなたがもし、独自で「ビジョン実現型人事評価制度」を進めるのであれば、4～7年後を目標としましょう。**焦ってこの3つの条件が満たされない状態で評価を賃金に連動させると、100%失敗に終わります。**これは、私の19年間の運用の体験を通じて断言できます。

とはいえ、「賃金制度」の設計方法や運用のポイントを事前に学んでおくことは有効です。『小さな会社の〈人を育てる〉賃金制度のつくり方』（日本実業出版社）では、「賃金制度」のつくり方と中小企業ならではの移行の難しさをどうやって解消したらよいかを詳しく解説しています。賃金制度導入の失敗事例を具体的にご紹介していますので事前に学んでおくことで、あなたの会社の実践に活かすことができるでしょう。

STEP3で「ビジョン実現型人事評価制度」を成果に結びつけるための運用方法について解説してきました。

すでにお伝えしたように、**この仕組みを成功させるためには、これまで解説した運用の手順を型どおりにもれなく実践していただくことが絶対条件**です。

ただ、あなたの会社の実態、リーダーの現状を見ると、自社にはハードルが高いのでは、と肩を落としている方もいらっしゃるかもしれません。

しかし、ご安心ください。次の事例編でご紹介する成功事例の3社、そして私が支援してきた多くの中小企業も、スタート前はあなたの会社と同じ状態だったのです。

必要なのは、社長、あなたの覚悟と実行力だけなのです。

事例編

実例で見る
「ビジョン実現型
人事評価制度」

01

ビジョン実現型人事評価制度導入で大きな壁を突破！

株式会社中央歯科補綴研究所

株式会社中央歯科補綴研究所
所在地　東京都目黒区大岡山1−35−22ニッカンビル2F
代　表　代表取締役　木村 正
事業内容　歯科技工、補綴物製作
創　業　1987年3月／資本金　1000万円
従業員数　32名

越えなければ前に進むことのできない大きな壁

株式会社中央歯科補綴研究所は、東京、自由が丘で創業、2020年で34年目を迎える歯科技工所です。現在では、従業員数32名、全国に800を超える顧客を抱える日本でも有数の歯科技工所となっていますが、そこまでの道のりは決して平たんなものではありませんでした。

木村社長は、創業15年を過ぎたころから、自社の行く末について悩みながら悶々とした日々を過ごしていました。

2005年から「経営理念を軸とした組織経営」を目指す改革に着手、経営理念や方針を策定し、人材の育成に取り組もうと模索していました。しかし、何をやっても裏目、思いとは裏腹に社員のベクトルがそろわず離職率も高く、組織は慢性的な人手不足。大手会計事務所から提案を受け、**費用をかけて人事評価制度を構築したこともありましたが、いわゆる「査定」的な機能をもつだけのもので、運用が**

うまくいかずにとん挫。かえって社員の不満の種となってしまうという状況でした。

次のステージへの足掛かりが見出せない状態のままもがく自分に自信を失いかけていたといいます。会社の発展のために、人材が重要なことは百も承知、しかし、有効な「人材を惹きつけ、育てる仕組み」がないために、若い有望な社員たちに将来の夢や目標をもたせられることができていなかったのです。

ただ、こうした中にも、志の高い仲間が一人、二人と入社、同時期に開発した新商品と販売戦略も功を奏し、大幅な業績向上も見込まれ、組織の雰囲気が徐々に良い方向に動き出していました。

「『ついに見つけた！　これだ!!』と、**まさに生きた経営の指南書を手に入れることができた喜びに興奮しました。**日々悩みながらアンテナを張っていたおかげでしょうか。書店で手に取った1冊の本が『ビジョン実現型人事評価制度』という仕組みについて書かれた山元さんの本でした。それは、経営計画と一体となった人事評価制度でベクトルをそろえ、人材育成を通じて経営目標を達成できるという、まさしく私が求めていた仕組みでした」（木村社長）

その後、セミナーを経て「ビジョン実現型人事評価制度」の導入を即決した木村社長ですが、不安が2つあったそうです。1つは、通常業務が非常に忙しい状態の中、リーダーに改革プロジェクトに加わってもらい、役割をもたせることが業績に悪影響を与えかねないという懸念です。もう1つは、大きく舵を切った場合、組織に混乱が起きて会社を去る人間が出るかもしれないということです。

しかし、これらこそが**次のステージに進むために乗り越えなければならない壁であると受け止め、〝何が起きてもすべて好転反応〟だと受け止める覚悟で臨んだ**、と当時を振り返ります。

2012年10月から「ビジョン実現型人事評価制度」導入プロジェクトが始動、「ビジョン実現シート」のフレームに沿って、行動理念や事業計画、戦略の策定に取り組みました。年末近くのあわただしい時期でしたが、木村社長の頭の中ではその想いと戦略はすでに明確になっていたため、私たちはそれらをアウトプットし、フレームに沿って整理するだけでした。

そして、2013年1月、「創業25周年記念式典」と「キックオフ発表会」を同時開催、経営理念にもとづいて会社がどこに向かっていくのか、どうやってそれを実現するのか、そしてその達成に向けたトップの覚悟を全社員に示しました。

翌月からはリーダー3名を加えて、毎月プロジェクト会議を行いながら評価基準づくりに取り組みました。何しろ初めての経験ばかりなので、メンバーは戸惑いながらの推進でした。プロジェクト会議では毎回宿題が課されます。忙しい現場業務を抱えているためやり遂げるのは大変な苦労だったと思います。与えられる課題も初めて考え、作成するものばかりです。

しかし、会社と社員の将来を真剣に考えてくれるメンバーばかりで、全員期日を守って確実に提出してくれました。そのおかげで、かなり精度の高い評価基準がスケジュールどおりにできたのと、**短期間でみるみる若いリーダーが成長**していきました。5月には「評価制度説明会」を開催し、初回のトライアル評価を実施することができました。

とくに初期の段階では、「ビジョン実現型人事評価制度」の理解度や改革にかける情熱にも温度差があり、リーダーたちは経営や戦略に関する知識はほぼゼロからのスタートでした。そこから、木村社長を中心にメンバー全員が共通の目的に向けて、素直に学びながら一つのものをつくり上げることでベクトルもそろい、強固なものになりました。

こうして幹部が一つにまとまったことが、全社員を巻き込むイベントを成功へ導き、不安をもって臨んだ彼らの大きな自信となったのです。とくに、木村社長にとって人事評価制度の失敗体験から抱いていた懸念を完全に払しょくし、明るい未来が開けた瞬間でした。

また、木村社長はこの取り組みを通じて、**これまで経営者の重要な仕事だと考えていた業務プロセスの改善や効率化などより、会社が向かうべきゴールを示すことや、それを実現するための戦略を推進する意思決定能力が強く求められることを学んだ**と言います。

評価制度づくりを社長や人事だけでつくって示すのではなく、現場のリーダーを巻き込んで進めることで、導入後の浸透や定着もスムーズになります。こうした方法をとることで、制度設計にかかる時間は伸びることになります。しかし、つくることが目的ではなく、設計の段階からリーダーの意識づけと育成ができると考え、参加メンバーを選定して人事評価制度づくりに取り組んでください。

木村社長は、**改革プロジェクトのいちばんの成果は、リーダーたちが驚くほど成長したことだと断言**しています。具体的には、木村社長の指示やアドバイスがなくても、リーダーたちが主体的にまわりを巻き込んでいくことで、次を担う社員がどんどん育っています。

このリーダーの目覚ましい成長は、評価制度運用とアクションプラン推進の場を通じて実現しました。「ビジョン実現型人事評価制度」には、この2つの仕組みを運用することで、必然的にリーダーが成長する仕組みが組み込まれています。それぞれ、考え方を理解したうえで、フレームそって実践を継続するだけで自然とリーダーが育ってくれるのです。ただ、通常の会社と中央歯科補綴研究所のリーダーには2つの違いがありました。

それは、メンバー全員がそろって「ビジョン実現型人事評価制度」の型どおりに実践してくれたこと。そして、もう1つは、素直にチャレンジ意欲をもってすべてに取り組むことで抜群の吸収力を発揮してくれたことでした。

社長の仕事はみんなを幸せにすること

こうしたリーダーを中心とした社員全員の成長の結果、労働環境も改善しながら業績も順調に伸ばし、念願だった本社オフィスの移転も実現しました。

中央歯科補綴研究所業績・社員数推移

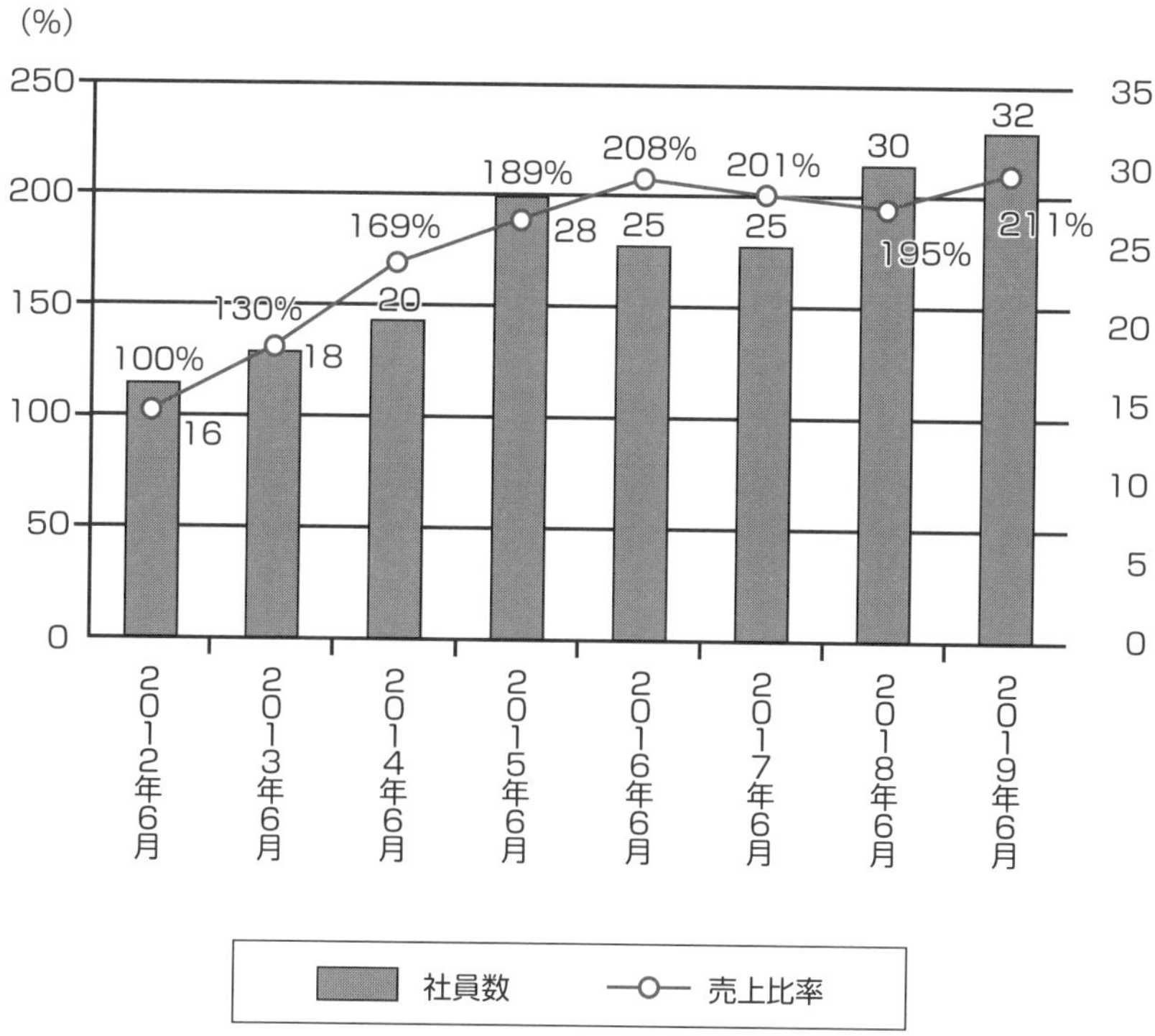

※業績は2012年6月を100とした場合の売上比率

その結果、**業界での知名度も上がり、優秀な社員が集まってくるようになって、悩みだった離職率も低下**しました。

2018年度には「日本でいちばん大切にしたい会社」大賞審査委員会特別賞を受賞。まさに、中小企業お手本の1社として世の中に認められた会社となったのです。

まさに、「経営計画」と一体となった「人事評価制度」が、組織に好循環サイクルを生み出したといえるでしょう。

それでも木村社長は、満足しているわけではありません。

木村社長は、社長の仕事は企業活動を通して社員とその家族、自分の家族、取引先、お客様、地域社会など係わる全ての人が豊かで幸せになるようにすることで、これからも社員が自信と誇りをもって、思い切り働ける笑顔いっぱいの会社づくりに邁進していくと言い切ります。

「日本一社員満足度の高い歯科技工所」をビジョンに掲げている中央歯科補綴研究所。木村社長と社員の成長スピード、組織の勢いを見ていると、そう遠くない将来に実現してくれることでしょう。

02

56店舗・社員数390名以上の組織で成果につながったポイントとは？

株式会社2りんかんイエローハット

株式会社2りんかんイエローハット
所在地　埼玉県和光市下新倉5－11－1
代表　代表取締役社長　石渡 淳
事業内容　オートバイ用品の専門店チェーン展開
創業　1978年11月／資本金　5000万円
従業員数　918名（社員394名・パート524名）

人事評価制度に納得がいかない

生え抜きで実績を積み重ね、石渡淳氏が2りんかんイエローハット（旧ドライバースタンド）の社長となったのは2009年3月。オートバイ用品の専門店をチェーン展開する2りんかんは、売上、店舗数ともに業界NO．1企業として多くのライダーに知られる存在でした。しかし、オートバイ業界は成熟期を過ぎ、若者のバイク離れや人口減少などの影響で日本ではバイク保有台数、販売台数とも減少の一途をたどっていました。

こうした逆風が吹くなか、石渡社長は、ライダーから熱狂的な支持を集める圧倒的業界NO．1としての地位を築かなければ2りんかんイエローハットの将来はないと危惧し、改革の方向性を模索していました。

その結果石渡社長が出した結論は、〝ヒト〟づくりでした。

どんな経営環境の中でも組織を存続、発展させていくためには、人材育成に取り組み続けるしかないと考えたのです。しかし、その足かせとなってしまう仕組がありました。

それは、人事評価制度です。

当時の人事評価制度は、成果主義的な考え方で設計されたもので、店舗の業績で評価結果が決まる仕組みとなっていました。そのため、社員がいくらがんばって自分のスキルアップや担当部門の実績を出しても評価結果には反映されず、社員のモチベーションを下げる要因となっていたのです。

すでに、中期計画で会社のあるべき姿は明確に打ち出していた石渡社長は、そこに向けた長期的な視点で人材育成に取り組むことが必要だと考えていました。人事評価制度が短期的な業績で社員を判断してしまう評価ルールのままでは、到底将来の会社を支える人材は育たないと確信していました。

どう自社の改革を進めるべきか、悩む日が続きました。そんな中、ある日新聞を開くと拙著『小さな会社は人事制度で人を育てなさい！』の広告に目がとまり、購入。

「求めていたものはこれだ！この考え方と仕組みを自社に導入したい」（石渡社長）。

まず会社と社員の5年後のあるべき姿を明確にし、そこへ向かってやるべきことを具体化、「評価基準」に落とし込むことで全社員を理想の人材に導く『ビジョン実現型人事評価制度』こそ、自分自身が描いていた理想の組織を実現する仕組みだと、中期経営計画の刷新と評価制度再構築を決意しました。

新評価制度成功のポイントは社長の決意が伝わったこと

こうして、2013年、2りんかんイエローハットのヒトづくりプロジェクト、〝人財育成プロジェクト〟が始動しました。石渡社長をプロジェクトリーダーとして他に幹部5名を加えてプロジェクトの推進メンバーを構成しました。社長がすべて決めてトップダウンで落とし込むのではなく、現場の声を直接聞いているメンバーの考えもきちんと反映したいと石渡社長は考えたのです。

まず取り組んだのが、何のために会社が存在するのか、改めて考えることからでした。メンバーで議論を重ね、出した答えが3つの目的でした。

「お店がライダーの駆け込み寺であること」「社員が幸せを実感できる会社であること」、さらに「業界への貢献度がゆるぎないナンバーワンであること」の3つです。これを会社の存在意義として掲げ、その実現のために出店計画を盛り込んだ事業計画を5年後まで作成、これを支える人材育成目標と必要なスキルを明確にし、評価基準で明確化しました。

同年5月に全国から幹部・全店長・リーダーを集めキックオフを開催、経営計画や人事評価制度の方向性を共有しました。続いて新制度の移行には11月と翌年5月に新評価制度のトライアル（練習）評価を実施しました。

新しい評価制度は、人材育成に重きを置くために店舗のスタッフを育てる役割がある店長とエリアを統括するマネージャーで評価するなど、必ず2人以上の上司に評価してもらいました。すると、評価者(約50名)間での判断に大きなブレがあることがわかりました。これでは、店舗を異動すると同じ仕事ぶりでも評価結果が変わってしまうということになってしまいます。とてもこのまま賞与や昇給に反映するわけにはいきません。

上司2人で行うすり合わせの場、「育成会議」を、私たち日本人事経営研究室でとりまとめながら社員全員分徹底して行い、評価のブレを修正。並行して毎回の評価結果を分析、プロジェクトメンバーで課題を洗い出し、全評価者と研修の場で共有してリーダーが適正な評価ができるよう繰り返し教育しました。

２０１５年から２０１６年にかけて新賃金制度設計とシュミレーションを行い、２０１６年5月に新賃金制度の本格稼働がスタートしました。

評価者を適正に評価ができるレベルに成長してもらうために、丸々3年の期間をかけたことになります。しかし、この徹底したトライアル評価を通じたリーダー教育で、石渡社長の新しい評価制度にかける思いと重要性が伝わり、本気でリーダーが取り組むことで部下育成力を身に着けていったといえるでしょう。

チャレンジ面談が人材育成と業績につながるポイント

2りんかんイエローハットは、全国で展開していて店舗は年中無休です。そのため、全社員を一同に会して説明会などを開催することができず、店長経由での落とし込みとなります。これは、店長の理解や意識が揃っていないと、店舗によって意識のズレが出てしまい、成果に大きく影響してしまいます。社員だけでも350名以上という大所帯ですから、各店長がどれだけ軽視せずに運用に注力してくれるかが一番のキモです。しかし、ただ研修や説明会で店長に内容を説明し、「店舗でスタッフにも伝えるように」と指示するだけでは浸透しません。

この全社員へ**「ビジョン実現型人事評価制度」にそった正しい考え方と行動を現場で実践してもらうための仕組みが「チャレンジ制度」**です。

2015年から、半年に1度の評価だけでなく、チャレンジシートを使った毎月の部下とのコミュニケーションの場、「チャレンジ面談」の徹底と実践内容のレベルアップに取り組んでいます。しかし、50名以上の店長がルールにそって、毎月、全社員と適正に行えているかというと、正直まだムラがあります。一方で、きちんと実施している店舗では確実に成果が出ています。

このことから、**「ビジョン実現型人事評価制度」で成果を出すポイントはチャレンジ面談にあるといえます。**この点は、弊社で運用を支援しているすべてのクライアントに共通していえることです。

リーダーシップを発揮できる人材が育ってきた

運用スタート時は、広域の店舗を統括しているマネージャーと店長が店舗スタッフを評価していました。しかし、マネージャーは実質100名以上の評価をすることもあり、どうしても判断できる部分が限定されます。そこで2017年、副店長制を導入し評価を任せました。きちんと部下の仕事ぶりを観察しながら指導できないと適正な評価はできません。これにより、より**現場の実態に即した評価を行うことで評価の精度と納得度が高まるとともに、新しいリーダーの育成にもつながりました。**

こうした評価制度の課題の改善が、会社のビジョンを実現するために必要なリーダーを育て、組織体制づくりにもつながります。これも、「人事評価制度」が「経営計画」と直結した「ビジョン実現型人事評価制度」だからこそ実現できたといえるでしょう。

具体的には、これまで評価を行っていなかったリーダー候補の人材に評価を任せることで、本人とその上司も成長します。新たに評価に取り組むリーダー候補が評価プロセスを通じで成長することで、上司は仕事の一部を彼らに任せられるようになります。その結果、上司はマネジメントに集中したり、ひとつ上のレベルの仕事にチャレンジすることができるのです。

2りんかんイエローハット店舗数推移

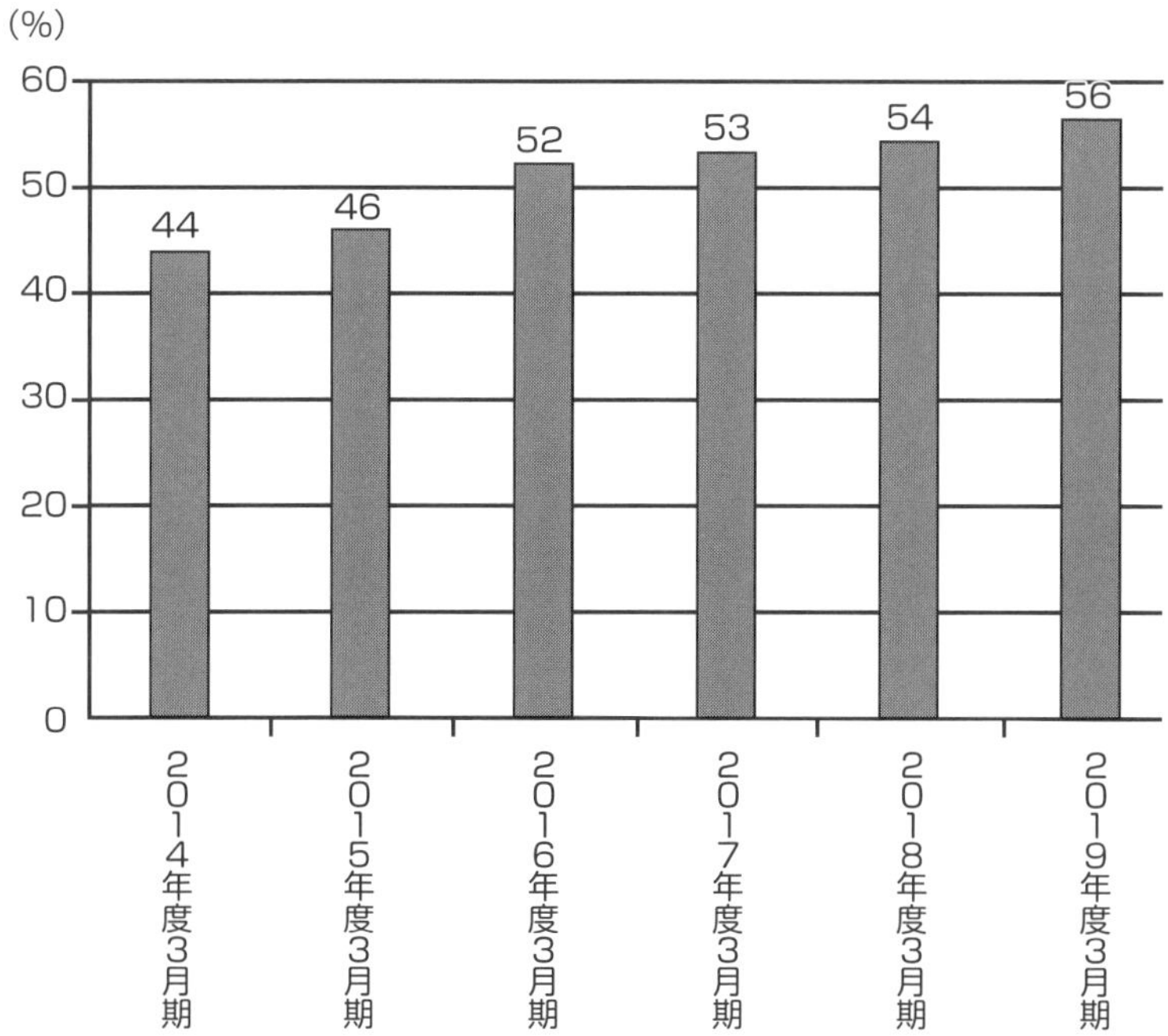

さらに今年からは管理部と店長の選抜メンバーで評価制度の改善・浸透プロジェクトを自主的に立ち上げ、定期ミーティングを行いながら現状の仕組みをブラッシュアップしています。こういった目的を共有したうえで、リーダーシップを発揮できる人材も育ってきています。

組織の成長戦略に伴い、規模の拡大を支えるために人材育成はその根幹にかかる部分となります。生産性を上げながら育成スピードも加速させるために、ITが苦手な現場社員も多い中、クラウドを通じた評価の実施やその集約、分析にも取り組んでいいます。

こうした約7年間の試行錯誤を通じた取り組みを通じて、2りんかんイエローハットでは**「ビジョン実現型人事評価制度」を通じた人材育成と組織成長の遺伝子を組み込むことができた**といえるでしょう。その遺伝子がさらに広がって、徐々に組織をマネジメントできる人材が増えることで、「ゆるぎない業界NO．1の地位」と「全社員が幸せを実感できる組織」を実現できるのはそう遠くはないはずです。

石渡社長はその日が来るまで、改善と改革の手を緩めることはないでしょう。

03

みんながワクワクいきいきできる組織を目指して

株式会社リハビリホーム一歩

株式会社リハビリホーム一歩
所在地　埼玉県上尾市二ツ宮824番地1
代　表　代表取締役　阿部 裕一
事業内容　通所介護（デイサービス）、居宅介護支援事業所、保育園
創　業　2011年8月4日／資本金　855万円
従業員数　48名

一人ひとりが輝いている組織づくりの第一歩

埼玉県上尾市でデイサービス施設を運営する、株式会社リハビリホーム一歩。創業5年を迎え、利用者の支持も得て新たな拠点も開設、スタッフも順調に増えていたのですが、阿部社長は「何かが足りない」と感じていました。

社員間のコミュニケーションは十分で、明るく、和気あいあいとした職場環境でしたが、スタッフ一人ひとりが将来の夢や目標をもって働けるイキイキとした組織にしたいという思いが阿部社長にはあったのです。**利用者へのサービスを提供するスタッフが輝いていないと、地域で支持され続ける施設にはなりえないと考えていた**からです。

そんな時に本書の初版に出会い、「ビジョン実現型人事評価制度」が自分の理想の組織づくりやスタッ

フに夢を与えることができる仕組みだと確信し、導入を決意したそうです。

運用しながら独自の改善、工夫を行うことで組織が徐々にステップアップ

まず、役員が中心となって「経営計画」を作成し、全スタッフを一堂に集め発表しました。業界的にもまだこうした取り組みを導入する会社は少ないため、スタッフも全員初めての経験で内容の理解まではいかないまでも、社長の思いとこれから会社が良い方向に変わろうとしていることは伝わったようだったと阿部社長は当時を振り返ります。

その後の「評価基準」も役員メンバー自身手探りで進め、初回のトライアル評価は、説明会を開催したにもかかわらず、スタッフもよくわからないまま評価シートを記入するだけの状態だったといいます。役員メンバー含め、これまでは現場の利用者対応が主な仕事だったため、無理もないでしょう。

中小企業ではこうした資料作成やデータ集計などに慣れていないことが、導入するにあたってのハードルや不満につながり、改革をストップしてしまうといったケースをよく耳にします。

しかし、リハビリホーム一歩は違いました。課題に対して正面から対峙し、解決するための工夫や改善に取り組み、一つひとつ克服していきました。どんな会社もこの経験が、リーダーが大きく成長するきっかけになります。スムーズに運用できる「人事評価制度」やすぐに結果が出る「経営計画」などま

ず存在しません。**課題に社員が一丸となって取り組むプロセスが組織を成長させる**のです。

運用しながら、改善を繰り返していくなかで一番工夫した点は、評価基準の「言い回し」の部分です。スタッフが前向きに評価基準と向き合えるように評価基準の文言の文末を「〜しよう」という内容へ変更しました。細かい部分ですが、こうした工夫が大きな効果につながるきっかけになる場合があります。

また、繁忙期で本人や評価者がじっくり評価と向き合えないと判断したときは、評価の時期をずらしたりして、評価の重要性が伝わるような工夫を行い、浸透を図っていきました。

評価制度の運用を型どおりに繰り返すことで着実な人材成長に

こうして、トライアル評価を3回、4回と繰り返していくと、徐々に変化が現れてきました。

もともと、まじめで誠実なスタッフが多いため、評価結果をもとに課題を一つひとつ伝えると、それぞれができる範囲で着実に取り組もうとしてくれました。その結果、評価をするたびに課題を1つ、2つクリアしていくことができたのです。もちろん、これはスタッフが着実に成長しているということにつながります。

評価者、本人とも評価資料づくりや育成会議、面談にも慣れてきて、それぞれにかかる時間が短縮できるとともに精度が上がりました。こうした経験を積むことによって、決められた手順に沿って期日を守って運用することもできるようになりました。

阿部社長は、**当初、セミナーで聞いた運用の手順を、自分を含めた評価者がこなすことができるのか、と不安だったそうです。しかし、今では、焦らず着実に実行していくことで克服できるんだなということを実感している**といいます。

まだまだ評価者によって理解度や部下との関わり方にバラツキがありますが、だんだんステップアップしているのが評価に関わるときの表情や言動からわかるようになってきたといいます。

≫課題や問題が明確になり対策ができるようになった

その一方で「評価をする」ということ自体を、なかなか前向きにとらえることができないスタッフがいることが、納得度アンケートの結果から見えてきたことがありました。

そこで阿部社長は、個別に時間をとってコミュニケーションを継続しながら、少しずつそのギャップを埋める努力をしていきました。「評価＝人材育成の仕組み」で、組織とスタッフ全員、そして地域が豊かになるために必要なものだということを伝え続け、理解を深めることができました。

こうした課題に対して、阿部社長はいつも自分自身がスタッフと直接向き合って解決に取り組んでいます。**評価者や担当者任せにするのではなく、トップ自らビジョンの実現に向けた決意と考え方を伝えていくことが、中小企業の成長にとって大事**だということです。

また、育成会議を通じて、各スタッフの課題の共有が上司同士でできるので、育成に向けた取り組みが確実に進むようになりました。

スタッフ全員が課題を指摘すれば即クリアし、向上心をもって業務を推進できるようになればベストですが、誰でも長所・短所があるようにうまく解決できない場合もあります。各個人の長所を活かしながら明確になった課題をカバーできるよう、一人ひとりに合わせたリーダーシップを取りながら求める役割をこちらが提示していくことが重要であると改めて気付かされたと阿部社長はいいます。

リーダーを巻き込んでさらに強い組織づくりを推進

プロジェクトスタート後に退職者が出たこともありました。しかし、リハビリホーム一歩では、阿部社長を中心に、組織が次のステージに向かって前向きに成長するための過程であるととらえ、プロジェクトの推進に一丸となって取り組みました。他社でも同じようなことが起こった事例はあるのですが、100％、組織は良い方向に向かっていきます。**むしろ、一見マイナスと思えるような大きな出来事があった場合、それを乗り越えた後、大きく成長する組織は多い**です。

実際、リハビリホーム一歩も、会社の業績は非常に好調です。

ただ、阿部社長は業績が伸びるだけではなく、全スタッフが「常にワクワクいきいきと働き甲斐をもって仕事に取り組んでいる組織」の実現を目標に掲げています。

これに向けた次のステップとして、〝リーダーの主体的な取り組み〟を推進しています。これまでは、役員メンバーが中心となってアクションプランの推進やスタッフの評価、成長支援を行ってきました。これからは、その一つ下の層である現場のリーダーを巻き込み、彼らが主体的にプロジェクトに関わることで全スタッフまで浸透させたいと考えています。

そのために、プロジェクト会議にリーダーにも毎回参加してもらい、現場の意見も吸い上げながらアクションプランの推進や制度の改善に取り組んでいます。この取り組みも、少しずつですが**リーダーの意識改革や会社が行っていることの浸透につながってきています。**

次のステージに向けた〝一歩〟

リハビリホーム一歩は、「子どもから高齢者まで一つの場所でイキイキと共生できる社会作り」を理念に掲げ、実際に園児と高齢者が一緒に過ごす場や高齢者だけで弁当を提供するキッチンなどを地域で提供し、認知度と利用者を増やし続けています。私自身も実際現場にうかがったことがありますが、利用者や子どもたちの笑顔に触れて、まさにこれからの社会になくてはならない企業の一つだと実感しています。こうした**日本の未来を支える中小企業こそ、理念を体現する人材づくりを核に発展していく必要がある**と確信しています。

理念の実現に向けて、阿部社長は次の大きな〝一歩〟を踏み出そうとしています。決断と実行、継続力のある阿部社長ならきっとやり遂げてくれるでしょう。3年後が本当に楽しみです。

リハビリホーム一歩業績推移

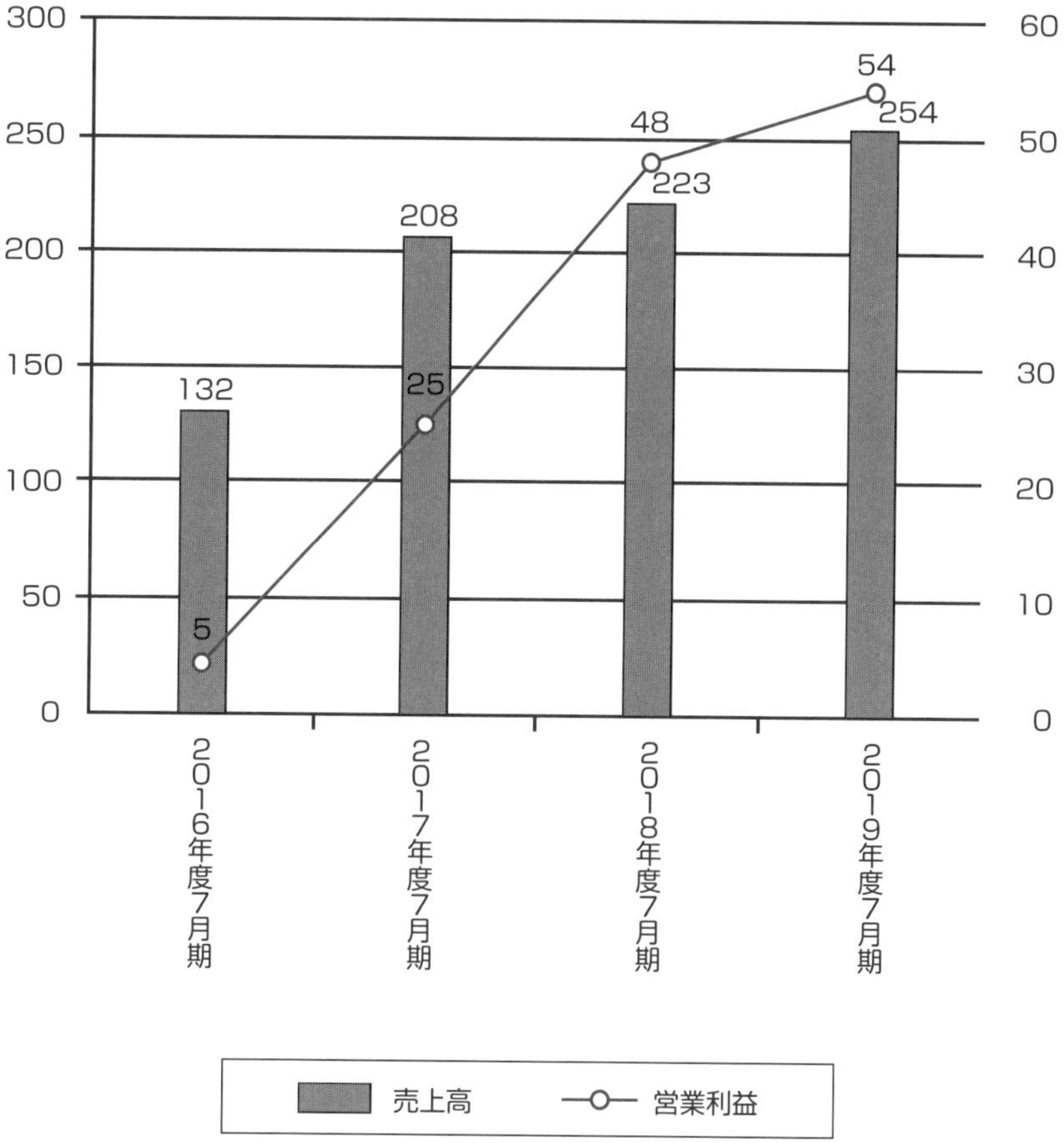

著者紹介

山元浩二（やまもと・こうじ）

日本人事経営研究室株式会社代表取締役
1966年、福岡県飯塚市生まれ。組織成長・進化の“仕組み”づくりコンサルタント。成果主義、結果主義的な人事制度に異論を唱え、10年間を費やし、1000社以上の人事制度を研究。会社のビジョンを実現する人材育成を可能にした「ビジョン実現型人事評価制度」を日本で初めて開発、独自の運用理論を確立した。導入先では9割を超える社員が評価について納得しているという結果も出ており、経営者と社員双方の満足度が極めて高いコンサルティングを実現。その圧倒的な運用実績が評判を呼び、人材育成や組織づくりに失敗した企業からのオファーが殺到している。業界平均3倍超の生産性を誇る自社組織は、創業以来、19期連続増収を果たし、全国的にもめずらしい人事評価制度専門コンサルタントとしてオンリーワンの地位を築く。
著書に『図解 3ステップでできる！ 小さな会社の人を育てる人事評価制度のつくり方』（あさ出版）、『小さな会社は経営計画で人を育てなさい！』（あさ出版）、『小さな会社の〈人を育てる〉賃金制度のつくり方』（日本実業出版社）などがある。発行累計13万部を突破し、多くの経営者から注目を集めている。

●具体的な実践事例と成功のコツが満載
メルマガ　http://jinjiseido.com/mail_magazine.php
ホームページ　http://jinjiseido.com/

※本書は2015年10月に弊社で刊行した単行本の改訂新版です。

【改訂新版《かいていしんぱん》】小《ちい》さな会社《かいしゃ》の人《ひと》を育《そだ》てる
人事評価制度《じんじひょうかせいど》のつくり方《かた》
〈検印省略〉

2020年　2　月　22　日　第　1　刷発行
2024年　9　月　18　日　第　14　刷発行

著　者――山元 浩二（やまもと・こうじ）
発行者――田賀井 弘毅

発行所――株式会社あさ出版
〒171-0022 東京都豊島区南池袋 2-9-9 第一池袋ホワイトビル 6F
電　話　03 (3983) 3225 (販売)
　　　　03 (3983) 3227 (編集)
F A X　03 (3983) 3226
U R L　http://www.asa21.com/
E-mail　info@asa21.com

印刷・製本（株）シナノ

note　http://note.com/asapublishing/
facebook　http://www.facebook.com/asapublishing
X　http://twitter.com/asapublishing

ISBN978-4-86667-181-9 C2034